Association Littéraire et Artistique

INTERNATIONALE

Fondée en 1878 sous le patronage de Victor Hugo

RÉUNION DE PRAGUE

1926

Association Littéraire & Artistique

INTERNATIONALE

Fondée en 1878 sous le patronage de Victor Hugo

Anciens présidents :

Louis ULBACH

Louis RATISBONNE

Eugène POUILLET

Fondateur :

Jules LERMINA

1878-1926

BULLETIN N° 4 — 4e SÉRIE — Octobre 1926

BULLETIN DE LA RÉUNION DE PRAGUE (1926)

Pages.

Organisation de la Réunion. 5
Séjour à Prague. 7
Programme de travail. 9
Rapport de M. Hermann Otavsky. 10
Projet de loi sur le droit de l'auteur. 31
Procès-verbal des séances. 57
Résolutions. 67

SIÈGE DE L'ASSOCIATION

HOTEL DU CERCLE DE LA LIBRAIRIE

117, Boulevard Saint-Germain, Paris, VIe

RÉUNION DE PRAGUE

(4-6 octobre 1926)

Le Comité préparatoire pour la fondation du groupe tchécoslovaque de l'Association littéraire et artistique internationale avait bien voulu, pressenti par M. Osusky, ministre de Tchécoslovaquie à Paris, et sur le désir du Comité exécutif de l'Association, organiser une réception pour faire accueil à quelques-uns des congressistes qui revenaient de Varsovie et les mettre au courant de la préparation d'une loi tchécoslovaque sur le droit d'auteur.

Le Comité de réception était ainsi composé :

Président

M. Karel Hermann Otavský, membre de l'Académie tchèque, professeur à la Faculté de droit.

Vice-présidents

M. H. Jelinek, conseiller au ministère des Affaires étrangères, délégué du gouvernement tchécoslovaque auprès de l'Institut international de coopération intellectuelle, homme de lettres.

M. Vaclar Tille, professeur à la Faculté des lettres, membre de l'Académie tchèque.

Secrétaire

M. Jan Loewenbach, docteur en droit, avocat à Prague.

Membres

M. K.-M. Capeck-Chov, de l'Académie tchèque, homme de lettres.

M. Adolf Červinka, docteur en droit, avocat.

M. Victor Dyk, de l'Académie tchèque, sénateur, homme de lettres, président du Syndicat d'auteurs tchécoslovaques.

M. J.-B. Foerster, de l'Académie tchèque, professeur au Conservatoire, compositeur.

M. A. Hartmann, chef de section au ministère de l'Intérieur.

M. K.-B. Jirak, de l'Académie tchèque, professeur au Conservatoire, compositeur.

M. Karol Kadlec, de l'Académie tchèque, professeur à la Faculté de droit.

M. Otokar Novotny, architecte, président de la Société d'artistes *Manes*.

M. Alphonse Mucha, artiste peintre.

M. Patejdl, député, président de la sous-commision parlementaire pour le droit d'auteur.

M. E. Solc, libraire éditeur.

M. Giri Cvelier, docteur en droit.

Membres de l'Association

M. Alpy Jean-Bernard, directeur de la Société des auteurs, compositeurs et éditeurs de musique, Paris.

M. de Biéville, délégué de la Société des auteurs et compositeurs, Paris.

M. Édouard Bonnefous, journaliste, Paris.

M. Joseph Bourdel, éditeur, ancien président du Cercle de la librairie, Paris.

M. Marcel Beurdeley, secrétaire de l'Association.

M. Marcel Boutet, secrétaire général adjoint de l'Association.

M. Jacques Chartier, secrétaire de l'Association.

M. Romain Coolus, délégué de la Société des auteurs et compositeurs dramatiques, Paris.

M. Crétin, représentant de la Société générale et internationale de l'édition phonographique et cinématographique.

M. Destrée, ancien ministre des Sciences et Arts de Belgique, délégué de l'Institut international de coopération intellectuelle.

M. Gebhart, représentant de la Compagnie du Gramophone.

M. Lucien Gleize, délégué de la Société des auteurs et compositeurs dramatiques et représentant de la Société des Gens de lettres de France.

M. Izouard, avocat à la Cour d'appel de Paris.

M. Célestin Joubert, président d'honneur de la Société des auteurs, compositeurs et éditeurs de musique et président de la Chambre syndicale des Éditeurs de musique de Paris.

M. Georges Maillard, président de l'Association.

M. Bruno Marwitz, avocat à Berlin, représentant de diverses Sociétés de compositeurs de musique et d'éditeurs.

M. Henry Moreau, président de la Société des auteurs, compositeurs et éditeurs de musique, Paris.

M. H.-E. Potts et Mme, Chartered Patent Agent, Liverpool.

Programme du séjour à Prague

Lundi 4 octobre 1296

12 h. 45. — Arrivée à la gare Wilson.

19 heures. — Représentation au Théâtre national : *Le Secret*, opéra comique, par B. Smetana.

Mardi 5 octobre 1926

11 heures. — Visite de l'Hôtel de Ville et vin d'honneur offert par la Municipalité de Prague.

16 heures. — Première séance de la Conférence (au Palais de l'Umělecká Beseda, Prague III., Besední 3) :

1. *Inauguration et rapport du Congrès de l'A. L. A. I. à Varsovie.*
2. *Constitution du Groupe tchécoslovaque de l'A. L. A. I.*
3. *Rapport de la reforme du droit d'auteur tchécoslovaque.*

20 heures. — Dîner offert par le P. E. N.-Club. (Salle Sladkovský, Maison municipale. Obecní dům.)

Mercredi 6 octobre 1926

9 heures. — Visite de la ville de Prague. On se réunit devant la Maison municipale, place de la République. (Náměstí Republiky.)

16 heures. — Deuxième séance de la Conférence. *Continuation* (Palais de l'Umělecká Beseda.)

17 h. 30. — Réception chez M. le ministre de l'Instruction publique. (Palais Rohan, Prague III., Karmelitská 8.)

Le Comité d'organisation avait assuré aux congressistes le plus cordial et le plus brillant accueil; ils ont pu visiter la charmante ville de Prague, de la plus agréable manière, conduis par de précieux guides de bonne volonté et accompagnés de la plupart des membres du Comité.

A l'Hôtel de Ville, conférence bien instructive et spirituelle, en un français délicieusement pur, pour faire connaître l'histoire de la Maison municipale. Le maire, en offrant aux membres de l'Association le vin d'honneur, a rappelé, pour être agréable au président, que Prague devait à la France son vignoble et son Université, car c'est le roi Charles IV, le fils du roi aveugle de Crécy, qui rapporta les vignes de France et créa l'Université sur le modèle de celle de Paris.

Au dîner offert par le P. E. N. Club, c'est M. Jelinek qui prit la parole, avec beaucoup de cordialité, de bonne grâce et d'élévation de pensée, pour boire à la prospérité de l'Association. M. Georges Maillard, après avoir rendu hommage à la littérature, à la musique et à l'art tchèques, remercia MM. Hermann-Otavsky et Lœwenbach, dont l'autorité et l'activité permirent d'organiser la réception des congressistes à Prague, et M. Jelinek, conférencier, écrivain, critique, diplomate, qui sut servir de lien entre les juristes et les hommes de lettres et fut l'introducteur de l'Association auprès du P. E. N. Club. M. Romain Coolus, avec sa verve habituelle, ajouta les remerciements des auteurs dramatiques.

Le dernier jour, M. Jan Krèmář, ministre de l'Instruction publique, reçut fort gracieusement les membres de l'Association au palais Rohan, s'enquit de leurs travaux et de leurs vœux, leur facilita la connaissance des œuvres d'art de Prague; il avait donné des instructions spéciales pour qu'ils fussent admis à voir les deux nouveaux chefs-d'œuvre du Musée : le portrait par Franz Hals, qui a tant d'élégance et de charme, et le surprenant Rembrandt inconnu. Et il offrit à ses invités le régal d'un quatuor de Dvorak, splendidement exécuté par l'illustre Quatuor tchèque.

Ordre du jour des séances

I. — **Inauguration.**

a) Allocution du professeur Hermann-Otavský.

b) Réponse de M. Georges Maillard.

c) Déclarations de M. Červinka, pour le *Syndicat des écrivains et compositeurs tchèques*, et de M. le professeur Jirák, au nom de l'*Association des compositeurs, auteurs et éditeurs de musique tchécoslovaques*.

II. — **Communication sur la résolution concernant la fondation du groupe tchécoslovaque de l'Association.**

III. — **Rapport sur les résultats du Congrès de Varsovie.**

IV. — **Rapport sur la réforme du droit d'auteur tchécoslovaque.**

DOCUMENTS

La réforme du droit d'auteur en Tchécoslovaquie

Rapport sur le projet voté par la Chambre des députés le 23 juin 1926[1]

Rapporteur : Prof. Dr. KAREL HERMANN-OTAVSKÝ

1. La première loi que s'est donnée la nation tchécoslovaque, après avoir recouvré son indépendance à la date mémorable du 28 octobre 1918, a été la loi de ce même jour, premier de la liberté, par laquelle le Comité national, organe représentant à cette époque l'État tchécoslovaque, a décrété, en tenant compte des nécessités du maintien de l'ordre public, que les lois et décrets existants resteraient en vigueur.

Par suite de ce maintien en vigueur du droit ancien, la Tchécoslovaquie possède jusqu'à présent dans le domaine du droit privé, sauf l'unification partielle déjà faite, deux régimes différents : le droit de l'ancienne Autriche conservé en Bohême, Moravie et Silésie, et le droit de l'ancienne Hongrie en Slovaquie et Russie Subcarpathique.

En ce qui concerne spécialement *le droit d'auteur*, sont restées applicables : dans le territoire jadis autrichien la loi du 26 décembre 1895, complétée par la loi du 26 février 1907; dans le territoire jadis hongrois la loi hongroise du 26 avril 1884.

En conséquence de ce dualisme, la tâche d'unification s'impose au législateur tchécoslovaque; elle s'impose d'autant plus que la République tchécoslovaque, comme elle s'y était obligée dans le traité de Saint-Germain-en-Laye du 20 septembre 1919, a adhéré à la Convention de Berne par la notification faite le 22 février 1921, date des effets de l'adhésion en ce qui concerne les rapports internationaux publics. Pour les effets internes, c'est-à-dire pour l'application de la protection des étrangers aux termes de la Convention, on en trouve la base en ce qui concerne le territoire jadis autrichien, dans le paragraphe 2 de la loi de 1895, tandis que pour la Slovaquie et la Russie Subcarpathique on ne peut invoquer la loi de 1884, car elle ne contient pas de disposition analogue à celle du paragraphe 2 précité, et

1. Voir le texte du projet, *infrà*, p. 31.

il ne reste qu'à faire de ce dernier une interprétation extensive appuyée de déductions logiques.

L'adhésion de notre État à l'Union de Berne est une raison de plus pour la réforme de notre droit d'auteur, puisque l'application de la Convention, principalement quant aux droits qu'elle accorde spécialement aux auteurs unionistes, conduit parfois à des résultats bien défavorables aux auteurs indigènes, lesdits droits surpassant dans une grande mesure ceux qui se trouvent assurés aux auteurs tchécoslovaques par la législation interne. Il suffira de mentionner le principe de la Convention écartant en faveur des auteurs unionistes toutes les formalités pour la jouissance et l'exercice de la protection interne, l'étendue du droit de traduction d'après la Convention, etc. Ces désaccords entre la protection des étrangers unionistes d'un côté et celle des auteurs indigènes de l'autre sont insupportables à la longue et incitent le législateur à élargir la protection interne pour la porter au moins au niveau de la protection conventionnelle et à faire disparaître, par là, le traitement différentiel des étrangers unionistes et des indigènes, si défavorable à ces derniers. La fonction, pour ainsi dire, éducative de la Convention de Berne envers les législations nationales est ici mise en évidence.

Mais il va sans dire que notre législateur ne voudra pas se borner à assurer la protection aux auteurs dans le droit interne seulement au fur et à mesure des dispositions conventionnelles; on envisage plutôt une réforme qui, tout en opérant l'unification interne et l'assimilation du droit interne et du droit conventionnel, satisfasse aussi aux exigences dictées par le développement moderne de la technique et des méthodes de reproduction.

2. Notre Parlement s'occupe de la réforme du droit d'auteur depuis le mois d'octobre 1920, date à laquelle le gouvernement a déposé sur le bureau du Sénat un *projet de loi sur le droit d'auteur*, élaboré par le ministère de la Justice en prenant pour base la loi du 26 décembre 1895 (ancienne loi autrichienne) comme étant la plus moderne des deux lois en vigueur chez nous, et en tenant compte aussi des législations étrangères, notamment des lois allemandes de 1901, 1907 et 1910. Le Sénat a voté le projet au mois de novembre 1921 après l'avoir fait examiner par son Comité constitutionnel juridique et après y avoir apporté un certain nombre d'amendements. La Chambre des députés a soumis le projet voté par le Sénat à des délibérations étendues dans son Comité constitutionnel juridique et dans son sous-comité spécial, qui lui a fait subir, en collaboration avec des experts, des remaniements parfois très profonds. Après avoir reçu dans le Comité sa forme définitive, il a été voté, le 23 juin 1926, par la Chambre des députés. Maintenant il va repasser encore devant le Sénat; on espère qu'il n'y aura plus d'amendements ou, tout au moins, s'il y en a, qu'ils ne seront pas de principe et pourront être acceptés à la Chambre des députés où le projet devrait en ce cas-là repasser.

Quoi qu'il en soit, on peut constater avec une vive satisfaction que le projet voté par la Chambre des députés marque après de longs efforts une étape considérable sur le chemin qui mène au but si désiré : la réforme moderne de notre législation sur le droit d'auteur.

C'est du texte de ce projet voté par la Chambre des députés que s'occupera le présent rapport pour en relever à grands traits les différences les plus importantes qui le distinguent de la législation en vigueur.

3. Le champ d'application pour le droit d'auteur interne est déterminé dans les deux lois de 1895 et 1884 d'après le principe de nationalité en combinaison avec celui de territorialité. Ce sont d'abord les auteurs indigènes, c'est-à-dire ressortissants tchécoslovaques, qui jouissent de la protection qui s'étend à toutes leurs œuvres, qu'elles soient déjà éditées ou non. En Slovaquie et en Russie Subcarpathique, se trouvent assimilés aux ressortissants les auteurs étrangers qui ont leur domicile permanent dans le pays et qui payent régulièrement leurs impôts. Quant au principe de territorialité, figure comme point de départ « l'apparition » de l'œuvre dans le pays; mais il est à remarquer que cette notion, qui, d'après la loi hongroise, est identique à l'édition, avait reçu dans la loi autrichienne un sens spécial : elle est bien plus large que celle d' « édition », car elle comprend pour les œuvres dramatiques et musicales encore inédites aussi la première représentation licite, pour les œuvres d'art figuratif et les photographies inédites la première exposition licite de l'œuvre.

En comparant ce régime de délimitation avec celui qui est adopté dans la Convention de Berne, on pourra se faire l'idée de complications qui surgissent quant à la question du rapport réciproque de la protection conventionnelle et le droit interne, surtout pour l'application des articles 5 et 6 de la Convention.

Pour écarter ce désaccord et faciliter l'application de la Convention, notre projet a adhéré au même principe, pour délimiter le champ d'application du droit interne, comme la Convention le fait pour le droit conventionnel, et fait participer à la protection interne :

a) Toutes les œuvres, même inédites, des ressortissants tchécoslovaques;

b) Les œuvres éditées sur le territoire tchécoslovaque.

4. Quant à l'étendue et la portée de la protection d'après le projet, il convient de relever d'abord le principe qui se fait valoir déjà actuellement dans notre législation, spécialement dans la loi de 1895, et qu'il s'impose de maintenir ferme ou plutôt d'approfondir encore et affermir dans la loi nouvelle. C'est le principe de l'*unité intrinsèque du droit de l'auteur.*

Il serait à rappeler ici qu'un des progrès les plus remarquables effectués par la loi de 1895 dans le domaine du droit d'auteur autrichien a été la conception de ce droit comme droit *unique*, comme la base, la source commune de ses droits exclusifs de publier son œuvre, de la multiplier, de la propager, etc., en somme, de toutes ces attributions réservées à l'auteur comme des prérogatives émanant de son droit unique. Cette conception différait à fond de celle de la législation antérieure : d'après le décret impérial de 1846, — et on pourrait dire à peu près la même chose de la loi hongroise de 1884, — le droit de l'auteur ne se présentait que comme l'addition des prérogatives particulières agglomérées, pour lesquelles la dénomination de « propriété littéraire et artistique » fournissait l'appellation collective[1].

Et cette conception du droit de l'auteur n'a pas seulement une valeur théorique, elle conduit aussi à des conséquences pratiques : d'abord quant à la question de l'étendue du droit de l'auteur, puis quant à celle des intérêts de l'auteur protégés en vertu de son droit.

Quant à la première question, de l'*étendue* du droit de l'auteur, le juge, partant du principe de l'unité du droit, ne sera pas tenu d'interpréter l'énumération des prérogatives de l'auteur, faite dans la loi, tout à fait strictement, comme absolument limitative, ledit principe lui rendant possible de faire rentrer sous la disposition en question aussi de nouvelles méthodes de reproduction qui n'ont pas été nommées dans la loi, n'existant pas lors de sa rédaction, tandis que si le juge partait de la conception contraire, envisageant le droit de l'auteur comme une simple agglomération de facultés à lui réservées, l'interprétation stricte du texte légal s'imposerait plutôt.

En ce qui concerne ensuite les *intérêts* protégés par le droit de l'auteur, il est en accord avec le principe de l'unité de ce droit de considérer comme protégée la totalité des intérêts de l'auteur qui pourraient s'attacher à son œuvre, sans distinguer leur caractère matériel ou immatériel.

5. A ce point nous arrivons au problème du *droit moral*, comme on s'est habitué à appeler la question spéciale de la protection des intérêts immatériels de l'auteur, traitée sous ce nom avec grand mérite dans la doctrine et la jurisprudence française, depuis la fin du siècle passé[2]. En Allemagne, c'est principalement feu le professeur Kohler, qui s'est occupé de ce problème déjà auparavant, pour en parvenir enfin à sa théorie du droit de personnalité (Persönlichkeitsrecht), différent du droit d'auteur, mais l'accompagnant, comme il le dit, *pari passu*, pas à pas. Spécialement pour l'Autriche, il faut rappeler l'œuvre du professeur Anders, intitulé *Beiträge*

1. Ce point de vue se trouve très exactement exposé déjà en 1893 par feu le professeur *Stupecký* (de la faculté de Prague) dans une conférence sur le projet de la loi autrichienne. Voir cette partie de la conférence publiée dans le *Sbornik ved právních a státních*, 1908, p. 69 suiv.

2. Voir une registration périodique dans *le Droit d'auteur*, organe du Bureau de l'Union de Berne.

zur Lehre vom literarischen und artistischen Urheberrechte (Innsbruck, 1881), dont l'influence peut être suivie dans les travaux préparatoires de la loi autrichienne et dans la loi elle-même.

Avant de démontrer le traitement de ce problème dans notre projet, nous voudrions d'abord essayer de grouper les intérêts de l'auteur qui pourraient s'attacher en général à son œuvre d'après leur qualification. On peut en distinguer trois groupes :

a) Les intérêts tenant à ce que l'œuvre remplisse sa mission littéraire ou artistique, qu'elle produise de certains effets, conformément aux vœux de l'auteur, sur l'intellect et le sentiment d'autrui. Ces intérêts sont conformes à ceux du public, de la communauté des gens civilisés, du progrès des sciences et des arts, de la culture. Ayant rapport au but idéal des œuvres intellectuelles, ils pourraient être appelés intérêts *idéaux*.

b) Les intérêts touchant la sphère personnelle de l'auteur en rapport avec son œuvre; c'est l'intérêt de voir publier son nom sur l'œuvre ou, au contraire, le cas échéant, d'en cacher la paternité, puis l'intérêt de son honneur d'écrivain ou d'artiste, de sa renommée littéraire ou artistique. Ils ont de commun avec les intérêts idéaux (let. *a*) qu'ils se rattachent à des rapports immatériels, ils en diffèrent en ce qu'ils concernent des rapports purement personnels de l'auteur et présentent à ce point de vue un caractère égoïste, contrairement au caractère altruiste des intérêts idéaux. On les appelle intérêts *purement personnels* ou *individuels*.

c) Tandis que les intérêts mentionnés sous les lettres *a*) et *b*) se caractérisent par leur tendance immatérielle, le troisième groupe embrasse les intérêts *matériels* de l'auteur, se rapportant à l'exploitation économique de l'œuvre par sa publication, édition, représentation, mise en vente, etc.[1].

Il ressort des travaux préparatoires de la loi autrichienne que tous ces trois groupes d'intérêts, bien que cette classification ne se trouve pas tout à fait nettement formulée dans les motifs, sont protégés par le droit d'auteur en vertu de la reconnaissance de l'unité de ce droit, réservant à l'auteur la disposition exclusive sur son œuvre en deçà de certaines limites; ces limites du droit de l'auteur sont tracées d'abord par l'énumération des prérogatives qui y sont « englobées » (§§ 23, al. 1, 31, 37, 40) ou bien « comprises » (§ 23, al. 3), ensuite par l'exemplification des cas d'infraction au droit et enfin par l'énumération limitative des licences légales en faveur du libre usage de l'œuvre. Dans le domaine ainsi délimité, l'auteur dispose de son œuvre absolument et peut en général repousser toute infraction qui y est portée sans être tenu d'indiquer ou de prouver son intérêt violé en l'espèce.

1. Le problème de la protection des intérêts idéaux s'était trouvé sur le programme du Congrès des juristes tchèques en 1904 (Prague). Sur le thème furent présentés quatre travaux (par Adámek, Kadlec, Pospíšil et Hermann-Otavský). Voir aussi *le Droit d'auteur*, 1905, p. 66.

En vue de ce principe, maintenu dans la loi de 1895, il n'est pas nécessaire de construire un droit spécial, à côté du droit d'auteur, pour protéger les intérêts immatériels, moraux, s'attachant pour l'auteur à son œuvre. C'est toujours le droit d'auteur lui-même qui les protège, et dont il peut réclamer toutes les prérogatives qui en émanent, pour la protection de quelque intérêt qui y soit engagé. Tant le droit moral au sens de la doctrine et la jurisprudence françaises que le droit de personnalité d'après la théorie de Kohler ne sont, au point de vue du principe accepté dans la loi de 1895, que le droit d'auteur exercé en l'espèce dans le but de la protection des intérêts immatériels, c'est-à-dire ou idéaux ou purement personnels, de l'auteur quant à son œuvre. Il va sans dire que le projet ne peut faire mieux que de maintenir le principe de l'unité du droit d'auteur comme droit délimité de façon positive par l'indication de prérogatives réservées à l'auteur, de façon négative par l'énumération des licences, puis comme droit embrassant la protection de tous les intérêts, tant matériels que moraux de l'auteur.

Les dispositions du projet manifestant ce principe sont d'abord les paragraphes 44, 16 et 57, analogues aux paragraphes 21, 16 et 57 de la loi de 1895.

Quant au paragraphe 44 du projet, il serait à observer qu'il relève l'idée de l'unité du droit d'auteur encore plus distinctement que la loi, en déclarant que « celui qui, sans y être autorisé, dispose de l'œuvre de la manière réservée par cette loi à l'auteur, *empiète sur son droit* et en est responsable », tandis que le paragraphe 21 de la loi s'exprime comme suit : « commet une infraction et en sera responsable. »

Le paragraphe 16, alinéa 1 du projet, correspond au même paragraphe de la loi, toutefois sans le reproduire exactement. Des modifications s'imposaient. D'après le texte du paragraphe 16 de la loi, l'auteur ou son héritier peut transmettre l'exercice du droit d'auteur à des tiers par contrat ou par disposition testamentaire. Le droit d'auteur lui-même serait donc incessible, ce qui répondrait sans doute bien au caractère personnel de ce droit embrassant la protection des intérêts immatériels de l'auteur ; mais, malheureusement, cet avantage serait compensé d'autre part par de graves inconvénients quant à l'exploitation économique de l'œuvre : Quel éditeur voudrait se contenter de l'exercice du droit s'il n'était pas à l'abri de son extinction dans le cas, par exemple, du décès de l'auteur sans héritiers? Évidemment, l'application littérale du paragraphe 16, alinéa 1er, est impossible et l'interprétation corrective s'impose. Elle peut trouver un appui dans deux dispositions de la loi, mentionnant la transmission du droit par contrat, savoir : le même § 16, alinéa 3 et § 17, de plus le paragraphe 14, alinéa 1, qui n'aurait pas de sens, si le droit d'auteur était comme tel incessible.

Ces dispositions contradictoires nous permettent de faire abstraction du paragraphe 16, alinéa 1, en tant qu'il statue l'incessibilité du droit d'auteur, et de considérer ce droit comme tel toujours comme cessible, mais, en tenant compte de l'intention du législateur, exprimée par cette disposition, d'accorder néanmoins à l'auteur, malgré la transmission de son droit, la protection de ses intérêts immatériels. En ce cas-là, il y aura donc deux sujets du droit d'auteur : l'acquéreur et l'auteur qui a cédé son droit; celui-ci retiendra quasi un résidu de ce droit, comprenant pourtant toutes les prérogatives réservées à l'auteur dans la loi, mais avec la restriction, qu'il ne s'en pourra servir que pour faire valoir ses intérêts immatériels, moraux, quant à son œuvre [1].

Tout en acceptant cette solution du problème de la cessibilité du droit d'auteur, à laquelle on n'arrive maintenant que moyennant l'interprétation corrective du paragraphe 16 alinéa 1 de la loi, notre projet modifie le texte de cette disposition et déclare expressément le droit d'auteur comme cessible, en réservant pourtant à l'auteur qui transmet son droit la protection des intérêts immatériels. Le projet complète cette disposition encore en assurant à l'auteur, au cas de l'extinction du droit de son ayant cause, la dévolution de ce droit sur lui-même, c'est-à-dire la restitution de son droit, atténué par la transmission jusqu'à la seule défense de ses intérêts moraux, en sa pleine étendue et portée.

De même la troisième disposition, par laquelle se fait valoir dans la loi de 1895 le caractère du droit d'auteur comme droit unique, protégeant par les prérogatives qu'il comprend tous les intérêts de l'auteur quant à son œuvre, le paragraphe 57 sur les dommages-intérêts, a été accepté dans le projet (§ 57). Le montant des dommages-intérêts comprendra aussi, le cas échéant, une somme équitable pour dédommager la personne lésée du préjudice et des autres torts personnels qu'elle a pu souffrir.

En dehors des dispositions du projet précitées on en peut alléguer encore d'autres, imposant au tribunal d'avoir à tenir compte, dans les cas où il est appelé à trancher des conflits relatifs à ce droit, de l'importance des intérêts immatériels (moraux) engagés.

C'est, par exemple, le paragraphe 10 concernant la collaboration et, en cas de désaccord entre les collaborateurs sur la manière de disposer de l'œuvre, déférant la décision au juge et lui ordonnant de tenir compte aussi des intérêts immatériels des coauteurs.

Aussi le paragraphe 14, où se trouvent réglées les conditions et limites de l'exécution (saisie) contre l'auteur, son héritier ou légataire, impose au juge de tenir compte, lors de l'exécution, des intérêts immatériels de l'auteur.

De même, à l'occasion du règlement des rapports entre le propriétaire de l'œuvre et l'auteur (§ 19), il est imposé au propriétaire de tolérer que l'auteur fasse valoir ses intérêts d'auteur sur l'exemplaire en question de façon équitable et en ménageant les intérêts du propriétaire, spécialement aussi immatériels, en tant que les intérêts de

1. Voir Rabel dans la *Revue de Grünhut* (Vienne), vol. XXVII, sur la cessibilité du droit d'auteur (Uebertragbarkeit des Urheberrechts), notamment p. 85 *sqq*.

l'auteur seront reconnus comme plus importants que ceux du propriétaire.

Et enfin on pourrait citer deux dispositions sur les licences : le paragraphe 29, dernier alinéa, d'après lequel les licences statuées sous nos 2 et 3 de ce paragraphe n'autorisent pas un usage capable d'avilir la valeur artistique de l'œuvre musicale, et le paragraphe 33, no 7, où la licence en faveur du propriétaire d'une œuvre d'art figuratif de l'exposer en public est limitée par la réserve que l'exposition ne se fasse pas par profession ou de façon portant atteinte à l'honneur artistique de l'auteur.

6. En ce qui concerne la question de *formalités*, le projet écarte, d'accord avec le principe adopté par la Convention, toutes les réserves d'où dépendent dans les lois en vigueur la jouissance et l'exercice du droit d'auteur.

Nos deux lois en vigueur nous en fournissent plusieurs cas. C'est, dans la loi de 1895, le paragraphe 26, alinéa 2, exigeant une mention de la réserve faite pour que les articles littéraires, scientifiques et ceux écrits sur des matières spéciales, publiés dans des journaux et périodiques, soient protégés ; puis le paragraphe 28, déclarant une mention de réserve expresse visiblement apposée sur tous les exemplaires d'une œuvre licitement éditée comme formalité essentielle du droit de traduction en général (sauf uniquement les cas exceptionnels du § 29), aussi les paragraphes 34 et 35 statuant une mention analogue pour la conservation du droit exclusif d'exécuter une œuvre musicale éditée (sauf les œuvres scéniques) respectivement de remaniements de telles œuvres, enfin le paragraphe 40, alinéa 2, exigeant pour la protection des œuvres photographiques publiées, à l'exception des portraits, l'indication visible du nom et, s'il y a lieu, de la raison sociale, du domicile de l'auteur ou de l'éditeur et de l'année où a paru l'œuvre.

De la loi 1884 on peut citer le paragraphe 7, no 3, ordonnant une mention analogue à celle de la loi de 1895 comme formalité essentielle pour réserver le droit de traduction et ajoutant encore que le commencement et la terminaison de la traduction doivent être enregistrés; puis les paragraphes 51 et 69, imposant des mentions de réserve analogues en général à celles de la loi de 1895, en ce qui concerne le droit d'exécution publique des œuvres musicales multipliées et mises en vente, et en ce qui touche les œuvres photographiques, sans en excepter même les portraits.

Il va sans dire que le projet, après avoir écarté les formalités dans tous les cas précités, a évité de créer de nouveaux cas qui seraient en désaccord avec le principe de la Convention. Pourtant, en ce qui concerne une disposition tout à fait nouvelle du projet, exprimée au paragraphe 30, on pourrait se demander s'il n'y a pas infraction audit principe par l'introduction latente des formalités à l'encontre de l'article 4 de la Convention. C'est ce que soutient M. O. Gellner, avocat à Prague, bien connu par ses travaux sur les questions rela-

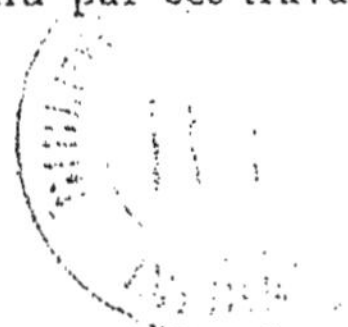

tives au droit d'auteur et à la propriété industrielle, dans le dernier numéro de la *Revue Gewerblicher Rechtsschutz und Urheberrecht*.

L'objection qui est faite ici mérite d'être examinée soigneusement, ce qui dépasserait le cadre de ce rapport, et c'est pourquoi je ne voudrais que relever le caractère de la règle en question.

Le paragraphe 30 du projet s'occupe des honoraires relatifs à l'exécution des œuvres musicales, accompagnées d'un texte ou sans texte, créées par des auteurs qui sont membres d'une société de perception des droits d'auteur, soit indigène, soit étrangère, mais dans ce dernier cas représentée par une société indigène. Ces auteurs possèdent, au lieu du droit au payement des dommages-intérêts et au remboursement du profit gagné, le droit de demander à l'entrepreneur de l'exécution publique non scénique ou de l'exécution radiophonique le payement des honoraires équitables pour ladite exécution. Si les deux parties sont membres d'associations entre lesquelles a été conclu un contrat collectif relatif aux honoraires, les stipulations du contrat sur le montant des honoraires seront appliquées. Hors de ce cas sera appliqué le tarif des honoraires de la société de perception indigène approuvé par le ministère de l'Instruction publique et publié dans les trois premiers mois de chaque année dans le *Journal officiel* de la République tchécoslovaque.

Le texte actuel du paragraphe 30 est sorti de la discussion comme compromis tendant à trouver un juste milieu entre des opinions et propositions contradictoires. En ce qui concerne l'objection susmentionnée, il est à observer qu'il ne s'agit pas ici d'un pur droit accordé à l'auteur : l'avantage qui en résulte a aussi son revers pour lui, car les recettes qui lui reviennent de l'exécution de son œuvre par autrui se réduisent en ce cas au montant du tarif fixé soit par le contrat collectif, soit par la société de perception; ces honoraires fixes sont substitués par les paragraphes 30, 57 et 58 du projet aux dommages-intérêts et au profit que l'auteur pourrait réclamer en vertu des règles générales de celui qui a porté atteinte à son droit par l'exécution illicite de son œuvre.

L'auteur étranger se décidera, tout à fait comme l'indigène, à son libre choix : restant en dehors de la société de perception il conserve ses droits dans toute leur étendue; cependant leur exercice ne sera pas si facilité pour lui qu'il le serait, s'il était membre de la société, tandis que, dans ce dernier cas, aussi bien la perception des redevances que l'exercice de ses droits devant les tribunaux seront simplifiés, le montant de sa créance étant fixé par les tarifs, soit du contrat collectif, soit de la société de perception, mais, bien entendu, aussi *réduit* aux tarifs.

7. *Œuvres protégées.*

Tenant compte des tendances modernes, le projet élargit le cercle des œuvres protégées énumérées dans le paragraphe 4. L'énumération comprend dans le texte du projet, outre les œuvres protégées jusqu'ici, encore les suivantes :

a) Œuvres de l'art appliqué (cas passé sous silence dans la loi de 1895);
b) Œuvres de l'architecture en commun;
c) Œuvres de l'architecture des jardins;
d) Œuvres créées par un procédé analogue au procédé photographique.

Il serait encore à remarquer que parmi les cas de remaniements protégés, énumérés dans le paragraphe 7, se trouvent aussi la récitation et exécution personnelle des œuvres littéraires et musicales pour les instruments destinés à leur reproduction mécanique, si la récitation ou exécution se présente comme résultat d'une activité créatrice du récitateur ou exécutant.

Conformément au droit en vigueur sont exclus de la protection les discours et conférences prononcés dans les délibérations ou assemblées au sujet des affaires publiques. Cependant le projet ajoute deux exceptions : sont protégées les explications prononcées non en public sur des matières purement spéciales; de plus, l'édition de la collection des discours, exposés officiels et d'autres œuvres de ce genre, ne jouissant pas de la protection, ne peut avoir lieu sans le consentement de leur auteur ou son ayant cause.

8. *Sujets protégés.*

A. En ce qui concerne *les sujets protégés*, la protection se trouve restreinte dans le projet aux personnes physiques, en tant qu'il s'agit du droit d'auteur originaire, tandis que le cas du droit d'auteur dérivé reste admis aussi pour les personnes morales.

Les lois de 1895 (§ 46) et de 1884 (§ 15) attribuent à certaines *personnes morales* (corporations, autorités publiques, instituts d'instruction, sociétés et associations; dans la loi de 1884 aussi expressément les académies et universités) la faculté d'acquérir le droit d'auteur originairement par l'édition de l'œuvre. Il résulte de la citation du paragraphe 8, dans le paragraphe 46 de la loi de 1895, qu'il s'agit ici de l'édition en tant qu'activité rédactionnelle d'œuvres collectives. Cependant, même une telle activité ne peut être déployée que par une personne physique; c'est pourquoi on opère quelque fois, pour appuyer la construction de l'acquisition originaire par la personne morale, avec la création (rédaction) de l'œuvre, faite par une personne physique comme représentant de la personne morale. Mais cette construction est à récuser : la représentation n'étant admise que pour les actes juridiques, tandis que la création de l'œuvre n'a pas le caractère d'un tel acte.

Il est évident qu'on ne peut considérer les dispositions sur le droit d'auteur originaire des personnes morales que comme tout à fait exceptionnelles, comme des fictions légales qui restreignent ou plutôt abolissent le droit d'auteur existant dès la création de l'œuvre collective dans la personne du rédacteur. C'est lui qui acquiert le droit d'auteur originairement grâce à son activité rédactionnelle, mais il en est dépouillé par l'édition de l'œuvre entière sous le nom de la personne morale comme éditeur, en faveur de cette dernière. C'est ce qui rend la situation de l'auteur véritable (rédacteur) bien précaire, d'autant plus que le droit de l'éditeur prend fin en ce cas-là trente ans après l'apparition de l'œuvre.

Comme il y a encore plusieurs autres questions bien délicates et difficiles à résoudre qui se rattachent au problème du droit d'auteur des personnes morales, on a préféré supprimer la disposition analogue à celle du paragraphe 46 de la loi de 1895 et placer les œuvres éditées sous le nom de telles personnes morales simplement sous l'empire des règles générales. On leur appliquerait spécialement les dispositions sur les œuvres anonymes, si elles ne portaient pas le nom du rédacteur.

B. Une autre élimination touchant le droit en vigueur est à enregistrer : il s'agit du paragraphe 12 de la loi de 1895 disposant que le droit d'auteur relatif aux photographies professionnellement produites appartient au *propriétaire de l'établissement photographique*. Cette disposition fut adoptée à cause des difficultés qui pouvaient se présenter, s'il s'agissait de constater l'auteur véritable de l'œuvre : l'activité créatrice qui donne naissance à la photographie professionnellement fabriquée, étant divisée bien souvent entre plusieurs personnes, dont les talents s'unissent et se complètent aux fins de la création.

Pourtant il fut objecté dans le sous-comité que cette solution ne tient pas compte de divers intérêts en question et qu'il serait injuste d'attribuer le droit d'auteur *de jure* au propriétaire de l'établissement, même au cas où il ne déploie pas la moindre activité, tandis que son employé, à qui l'œuvre photographique doit sa naissance, en serait complètement privé.

C. Aussi les dispositions des lois en vigueur sur le problème du *droit de portrait*, appelé aussi « le droit de propre image », vont éprouver un remaniement. D'après la loi de 1895, il y faut distinguer :

a) Les portraits en général, quelle que soit la nature de l'œuvre, par exemple, tableau, buste, photographie ;

b) Les portraits photographiques.

Ad. *a*) : S'il s'agit d'un portrait commandé moyennant rétribution, les droits d'auteur appartiennent à celui qui a donné la commande (§ 13, al. 1). Celui-ci est donc l'auteur *de jure*.

Ad. *b*) : Quant aux portraits photographiques, la situation se complique par la reconnaissance d'un droit personnel de la personne représentée. L'exercice du droit d'auteur dépend dans tous les cas du consentement de cette personne ou de ses héritiers. Seulement les portraits photographiques pour les buts officiels en sont exceptés ; le consentement n'est pas exigé.

Le Projet élimine d'abord le droit d'auteur reconnu à celui qui a commandé le portrait ; il lui concède seulement dans les paragraphes 33, n°s 8 et 36, alinéa 4, une position privilégiée quant à la reproduction du portrait commandé : s'il s'agit d'une œuvre de l'art.

figuratif, il lui est permis de multiplier le portrait ou de le faire multiplier pour son propre usage ou pour l'aliénation gratuite; s'il s'agit d'un portrait photographique, il lui est permis, ainsi qu'à son ayant cause, de publier le portrait et de le multiplier ou de le faire multiplier librement.

Le droit personnel de la *personne représentée* sur le portrait se trouve réglé dans le paragraphe 34 du projet : les droits exclusifs de l'auteur ne peuvent être exercés qu'avec le consentement de la personne représentée ou, si elle ne peut le donner, ainsi qu'après sa mort, jusqu'à l'expiration de vingt ans, avec le consentement de ses père et mère et, à défaut de ces derniers, de ses frères et sœurs.

Ce consentement n'est pas exigé s'il s'agit de portraits appartenant au domaine de l'histoire contemporaine, de tableaux des assemblées publiques, des cortèges et autres événements publics, auxquels la personne représentée a pris part, ainsi que de portraits qui n'ont pas été fabriqués sur commande et dont la publication sert aux intérêts supérieurs de l'art.

Dans tous les cas, il faut tenir un compte équitable des intérêts sérieux ou d'une défense motivée de la personne représentée ou de ses proches susnommés.

Cependant ces dispositions ne sont pas applicables à l'usage des portraits pour les buts officiels.

D. Pour les œuvres *collectives* et *composées* deux dispositions du Projet sont à remarquer : paragraphe 11, alinéa 1 *in fine* et paragraphe 11, alinéa 2.

D'après le paragraphe 11, alinéa 1, le collaborateur d'une œuvre collective peut disposer tout à fait librement de ses travaux qui y sont publiés, étant toutefois, dans le cas de l'édition de tirages à part, tenu d'indiquer l'œuvre collective dans laquelle son travail avait paru. S'il s'agit d'un périodique, le collaborateur qui veut disposer de son travail est obligé de demander à l'ordonnateur et, s'il n'est pas indiqué, à l'éditeur le consentement, à moins qu'il ne s'agisse de l'édition en une autre langue ou après l'expiration d'un an. Il s'ensuit que la publication d'une traduction de son travail reste libre au collaborateur même dans la première année après l'édition de l'œuvre.

Pour les œuvres composées par la jonction des œuvres de diverses catégories, le Projet statue sur le cas d'un opéra ou d'une autre œuvre musicale pourvue d'un texte : pour la représentation ou exécution il suffit du consentement de celui à qui appartient le droit d'auteur sur la partie musicale ; cependant il est obligé de payer ou de céder à l'auteur du texte une partie proportionnelle de la rétribution reçue.

9. La distinction entre les œuvres *aléthonymes*, portant le vrai nom de l'auteur, et les œuvres *anonymes* ou *pseudonymes* se trouve quelque peu modifiée dans le Projet. D'après le paragraphe 12, doit être considéré comme vrai aussi le nom civil de l'auteur auquel est

attaché un autre nom servant à mieux désigner la personne (p. ex. le nom de famille de la femme). Jusqu'ici une telle œuvre aurait dû être jugée comme pseudonyme.

10. Aussi le paragraphe 14 sur la *saisie-exécution* va subir des amendements. Le Projet énonce la disposition suivante (§ 14) : Aussi longtemps que le droit d'auteur appartient à l'auteur, son héritier ou son légataire, il ne pourra être l'objet d'une saisie-exécution ou de saisie-gagerie à cause de créances pécuniaires contre lesdites personnes. La même règle sera appliquée aux exemplaires originaux des œuvres protégées, excepté les édifices et les œuvres d'art figuratif mises au point pour être vendues. Les mesures de ce genre sont admises contre lesdites personnes relativement aux multiplications et reproductions d'une œuvre déjà publiée, relativement aux œuvres de l'art figuratif mises au point pour être vendues et à toutes créances d'ordre économique émanant du droit d'auteur. Il est toutefois toujours à tenir compte au cours de la saisie des intérêts immatériels de l'auteur.

11. En traitant la question des intérêts protégés par le droit d'auteur, nous avons cité déjà le paragraphe 19 du Projet, tendant à régler le rapport entre *le propriétaire de l'œuvre et son auteur* (sous le n° 5).

Tandis que le paragraphe 19 de la loi de 1895, touchant la même question, se borne à déclarer que le propriétaire de l'œuvre n'est pas tenu de la délivrer aux fins de l'exercice des droits appartenant à l'auteur, on trouve dans le paragraphe 19 du Projet une disposition plus détaillée, tâchant de trouver le juste milieu dans la collision des intérêts en question.

Le problème est extrêmement délicat[1]. Il y a une collision d'intérêts d'importance peut-être considérable, d'un côté et d'autre, importance non seulement économique, mais aussi morale. Pour le propriétaire, il peut s'attacher à l'exemplaire original des souvenirs, des sentiments de piété, une prédilection presque jalouse, superstitieuse, peut-être exagérée, mais qu'on ne peut pourtant lui reprocher à aucun point de vue. Chez l'auteur il pourrait s'agir de la création d'un second exemplaire, d'une réplique sur le modèle original, qu'il a vu pour la dernière fois il y a de longues années; il voudrait revoir son œuvre peut-être afin d'employer son sujet pour une œuvre nouvelle, mais justement sans créer une œuvre identique ; enfin il voudrait exposer son œuvre ou au moins sa photographie ou la mettre à la disposition de son critique, de l'éditeur d'une revue des reproductions, etc.

Qui l'emportera en cas de collision ? Le législateur ne peut statuer que sur le principe; c'est le juge qui décidera en l'espèce et il ne s'agit que de fournir une base pour la décision judiciaire. Il faudra

1. Le IIe Congrès des Juristes tchécoslovaques (Brno 1925) s'est occupé du problème; deux travaux ont été présentés (pour la propriété industrielle Wenig, pour le droit d'auteur Hermann-Otavský) et une résolution votée.

accorder à la libre appréciation du juge une large latitude quant à l'estimation des intérêts en collision.

Le Projet prend en général le parti du propriétaire en déclarant qu'il n'est obligé ni de délivrer l'œuvre à cause des intérêts de l'auteur, ni de la garder inchangée, ni de la préserver de détérioration et de perte. Il n'est pas pourtant exempt de toute obligation : on lui impose de tolérer dans de certaines limites, que l'auteur fasse valoir ses intérêts d'auteur de manière équitable et avec ménagement des intérêts du propriétaire, notamment aussi de ceux d'ordre non économique, en tant que les intérêts de l'auteur auront été jugés comme plus graves que ceux du propriétaire. Il apparaît que le Projet tâche de fournir au juge une base pour trouver le juste milieu entre les intérêts des deux parties en collision, celui qu'on ne peut déterminer qu'en l'espèce, après avoir examiné toutes les circonstances.

Les mesures prévues dans le code de procédure civile rendront possible au juge de constater toutes les circonstances, de compléter les matériaux insuffisants, d'amener les parties à contribuer de tous leurs moyens à l'éclaircissement de la cause et notamment de préciser et de fonder leurs intérêts en jeu.

Il faut relever encore que la disposition en question fait céder les intérêts du propriétaire à ceux de l'auteur *en tant que* ceux-ci seraient jugés comme plus graves. Le juge pourra donc, en rendant sa décision, préciser aussi les limites, les conditions, les réserves qu'il jugera équitables et appropriées en l'espèce ; il fixera, le cas échéant, un remboursement, une rétribution à payer au propriétaire en échange du dérangement. pour le dédommager du tort soit matériel, soit moral qui pourrait résulter pour lui des avantages accordés à l'auteur.

A propos du problème en question il serait à remarquer que la faculté de détruire l'œuvre, découlant pour le propriétaire de son droit de propriété, trouve des limites aussi dans la règle générale du paragraphe 1295 du Code civil, déclarant que celui qui cause à dessein un dommage à autrui d'une manière contraire aux bonnes mœurs en est responsable; toutefois s'il agit ainsi en exerçant un droit, il n'est responsable que si cet exercice avait évidemment pour but de porter dommage à autrui.

Cette maxime qu'on s'est habitué à considérer comme un frein mis à la chicane, complétera le système de la protection de l'auteur quant à ses intérêts, lorsqu'ils sont en collision avec le droit du propriétaire de l'œuvre. La règle générale du paragraphe 365 du Code civil sur l'expropriation reste d'ailleurs applicable ; il ne serait pas impossible de saisir l'autorité compétente d'une demande en expropriation contre le propriétaire d'une œuvre, si la destruction de cette dernière touchait à l'intérêt public.

12. Quant à l'*étendue du droit d'auteur*, le Projet tend en général à l'élargissement des prérogatives réservées à l'auteur. La classification des œuvres en œuvres littéraires, musicales, de l'art figuratif et photographique, reste intacte.

a) Le droit d'auteur d'une œuvre *littéraire* est élargi de la faculté exclusive d'employer l'œuvre pour l'adapter à des instruments ou leurs appareils destinés à sa reproduction sonore mécanique ou pour la représentation du contenu de l'œuvre par la cinématographie ou un procédé analogue ; de plus, il est réservé à l'auteur de réciter son œuvre en public, y compris expressément le droit de la livrer à la diffusion radiophonique, tant qu'elle n'est pas encore éditée. Le droit de représentation publique des œuvres dramatiques se trouve étendu aussi aux œuvres cinématographiques.

Le nombre de licences (d'usage licite) sera augmenté de la faculté de faire usage en public des appareils destinés à la reproduction mécanique sonore, mis en vente avec le consentement de l'ayant droit.

Quant aux autres cas de licences, il faut remarquer que celle de faire des citations se restreint dans le Projet aux œuvres éditées (actuellement il est nécessaire de baser cette restriction sur l'interprétation logique de la loi), que la citation doit se faire sans altération du sens évident du texte cité et qu'elle entraîne l'obligation d'indiquer l'auteur ou la source.

b) Le droit d'auteur de l'œuvre *musicale* sera élargi de la faculté exclusive de diffusion radiophonique (même de l'œuvre déjà éditée), ensuite de son emploi tant pour l'adaption à des instruments ou leurs appareils destinés à la reproduction sonore publique que pour cette reproduction elle-même.

Une prescription d'importance pratique se joint à cette disposition (§ 27) : sur les instruments ou leurs appareils par lesquels l'œuvre musicale se trouve multipliée, doit être indiqué l'auteur ou la source.

Il faut se demander ici : quelle est la sanction, si cette indication est omise ? Voilà une lacune ; le texte aurait besoin d'être complété.

Quant à l'adaptation des œuvres musicales aux instruments mécaniques, le Projet écarte la licence du paragraphe 36 de la loi de 1895, d'après lequel la fabrication et l'utilisation publique d'instruments servant à reproduire mécaniquement les œuvres musicales ne constituent aucune atteinte au droit d'auteur sur ces œuvres. Et le même point de vue, favorable aux auteurs, s'est fait valoir dans la Chambre des députés, c'est-à-dire déjà dans son sous-comité, relativement au système de la « licence obligatoire » en cette matière, tandis que le Sénat avait voté une disposition de ce genre, en y suivant en général l'exemple de la loi allemande de 1910 et autrichienne de 1920.

c) Pour les œuvres *des arts figuratifs*, il faut remarquer l'élargissement du droit de l'auteur par la faculté exclusive qui lui est reconnue d'exposer l'œuvre ou son remaniement en public et de la présenter à l'inspection publique par des installations mécaniques ou optiques.

Quant à l'usage libre de l'œuvre (licences), il convient de signaler le cas du paragraphe 33, n° 3, correspondant à celui du paragraphe 39, n° 2, de la loi de 1895. La licence trop large de ce paragraphe sera abolie; sera seule permise la reproduction pour l'usage personnel sans intention d'en tirer profit, et encore en faisant exception pour la reproduction d'une œuvre d'architecture au moyen d'une construction.

La licence de reproduire des œuvres placées dans des endroits publics subit dans le Projet une rédaction plus précise et plus détaillée : Spécialement pour les œuvres architectoniques il est à remarquer que, même si elles sont situées dans un endroit accessible au public, il n'est pas permis de les reproduire au moyen d'une construction (un édifice) et même en surface plane, il n'est permis que de reproduire leur aspect extérieur. De plus il n'est pas permis de multiplier ou reproduire une œuvre de peinture ou de dessin soit par la peinture, soit par le dessin en général, soit par la photographie fabriquée professionnellement et représentant l'œuvre comme objet principal; non plus de reproduire une œuvre plastique au moyen d'un art plastique.

Des cas nouveaux de licences se trouvent établis sous les n°s 6, 7 et 8 du paragraphe 33 : Sous le n° 6 est déclarée permise la représentation mécanique ou optique pour servir à une conférence scientifique ou instructive faite sans intention de profit ou dans un but de bienfaisance. Le cas du n° 7, mentionné déjà, concerne le droit du propriétaire d'exposer l'œuvre en public, et celui du n° 8 la licence aussi déjà mentionnée, de reproduire le portrait, accordée à la personne qui l'avait commandé.

Une disposition d'importance aussi théorique que pratique est énoncé par le Projet dans le paragraphe 35 en accordant à l'auteur de l'œuvre d'art figuratif, excepté les édifices, un nouveau droit spécial, celui *de participer à la plus-value des œuvres artistiques*. L'idée fondamentale est celle qui a servi de base à la loi française du 20 mai 1920, frappant d'un droit, au profit des artistes, les ventes publiques d'objets d'art. (« Droit de suite ».)

Tout en acceptant cette idée fondamentale, on n'envisage pas chez nous, pour le présent, le système choisi en France; le problème est trop délicat et difficile pour que la législation puisse le trancher d'emblée. C'est pourquoi on estime suffisant de laisser à la libre appréciation du juge le soin de constater s'il y a chez le vendeur un profit net dépassant les limites équitables, ce qui est la condition essentielle pour le droit en question. Le juge aura à tenir compte non seulement de ce que le vendeur a dépensé, par exemple pour le transport de l'œuvre, pour sa conservation, de frais d'installation, mais, comme le dit expressément le paragraphe 35, alinéa 2, aussi de la relation réciproque de la situation économique des deux parties.

Sont possesseurs de ce droit l'auteur de l'œuvre, son héritier ou légataire; de plus, ce droit ne concerne que l'exemplaire original de l'œuvre ou d'une multiplication ou reproduction provenant de l'auteur lui-même et portant l'empreinte de son activité personnelle (créatrice).

Le maximum de la participation est fixée à 20 p. 100 du profit net réalisé par la vente.

Le Projet envisage d'ailleurs non seulement les ventes publiques, mais aussi les ventes privées, non seulement volontaires, mais aussi forcées; en ce cas, l'auteur ne participe qu'au reliquat laissé par la vente.

Le droit est soumis à la prescription de trois ans à compter du jour où l'ayant droit apprend la vente occasionnant son droit; il s'éteint à l'expiration de dix ans à partir de la vente, à moins que le vendeur ne se comporte dolosivement; en ce cas-là, les règles générales relatives à la prescription trouvent naturellement leur application.

d) Quant aux *œuvres de photographie*, la réforme reflète les tendances qui se font sentir dans ce domaine, d'élargir la protection jusqu'à l'étendue du droit d'auteur sur les œuvres des arts figuratifs.

Il est à remarquer une restriction quant à l'application de la protection des œuvres photographiques, résultant du paragraphe 4, alinéa 2, n° 3 du Projet, puis de son paragraphe 7, la phrase finale en combinaison avec la disposition du paragraphe 36, alinéa 2 : En tant que la photographie se présente comme une œuvre littéraire ou au moins comme la multiplication d'une telle œuvre ou d'une œuvre d'art protégée ou enfin comme une partie intégrante d'une œuvre littéraire protégée, elle ne sera pas soumise à l'application des règles sur les œuvres photographiques, mais exclusivement à celles relatives aux œuvres littéraires ou artistiques.

Les licences établies pour les œuvres des arts figuratifs sont applicables aussi aux œuvres de photographie, sauf le dernier cas du paragraphe 33, concernant la licence en faveur de celui qui a commandé le portrait moyennant rétribution; cette licence est concédée quant aux portraits photographiques dans une mesure plus large, car la multiplication est permise à celui qui a commandé le portrait non seulement pour son propre usage et pour l'aliénation gratuite, mais sans aucune restriction, en général.

Le paragraphe 37 attribue les mêmes droits à l'auteur d'une œuvre cinématographique ou d'une autre œuvre créée par un procédé analogue, soit qu'elle constitue une œuvre originale ou qu'elle soit faite d'après une œuvre littéraire ou artistique en tant qu'elle se présente, en vertu de l'arrangement ou de la combinaison des incidents représentés, comme une création originale de caractère personnel. Cette disposition envisage l'application combinée des règles tant sur les œuvres littéraires ou artistiques que sur les photographies, afin de ne pas priver l'auteur des avantages qui découleraient pour lui de l'un ou de l'autre groupe de dispositions légales.

13. Le Projet donne une rédaction nouvelle au paragraphe 26 de la loi de 1895 concernant les articles et notices des *journaux* et des *périodiques* en général pour le mettre en accord avec l'article 9 de la Convention de Berne. La mention de réserve exigée par le para-

graphe 26 pour la protection des articles des belles-lettres, scientifiques et sur matières spéciales, sera abolie (v. ci-dessus n° 6), ces travaux seront donc protégés de façon absolue.

14. Pour *la durée du droit d'auteur*, le Projet accepte le délai de cinquante ans de durée normale et remplace aussi dans les cas spéciaux, jusqu'ici prévus, le délai de trente ans par celui de cinquante ans. Dans la règle spéciale du paragraphe 43, alinéa 2 de la loi de 1895 sur les œuvres posthumes, le délai de dix ans est substitué à celui de cinq ans.

En acceptant la durée de cinquante ans, le Projet s'associe à la plupart des législations étrangères et aussi au principe de la Convention et satisfait aux désirs et vœux exprimés à plusieurs reprises depuis des dizaines d'années dans nos milieux littéraires et artistiques.

Le droit d'auteur sur les œuvres de photographie dure, d'après le Projet, dix ans après l'édition, ce qui diffère du droit en vigueur, où le point de départ pour ce délai est fixé à l'origine du cliché fait immédiatement d'après l'original (§ 48 de la loi de 1895). Si l'œuvre n'a pas été éditée du vivant de l'auteur, son droit expire dix ans après sa mort.

15. Les règles sur la protection du droit d'auteur, c'est-à-dire sur les *moyens*, dont l'auteur dispose aux fins de la poursuite des infractions faites à son droit, vont subir des modifications assez profondes, car il est nécessaire de les accommoder, au moins dans une certaine mesure, aux principes qui dominent la réforme préparée de notre droit pénal.

Comme innovation importante se présente spécialement la *procédure objective* prévue par le paragraphe 59 du Projet, consistant en la confiscation des exemplaires de l'œuvre fabriqués illicitement, des appareils y aidant, etc., sans qu'il y ait de la poursuite contre une personne déterminée, s'il est établi qu'une infraction au droit de l'auteur a été commise.

16. Il faut attirer l'attention encore sur deux dispositions du Projet d'une portée dépassant le domaine du droit d'auteur au sens strict.

a) D'abord c'est le paragraphe 16, alinéa 3, qui tend à garantir l'intérêt moral du public, de la communauté, de la nation entière quant à l'intégrité des œuvres ayant une valeur et importance éminente pour l'art, la culture et la civilisation du peuple[1]. La première impulsion à cet égard a été donnée chez nous par des filmages dénaturant les œuvres devenues déjà libres et comptant parmi les plus

1. Sur le traitement du problème en France, voir la brochure *Pour les droits de la pensée*, par le député Marcel *Plaisant* (Paris 1925. Extrait de la *Vie des Peuples*); notamment p. 6 suiv. (sur les propositions présentées par l'auteur à la Chambre des députés).

chères à la nation : c'est-à-dire de la *Fiancée vendue*, opéra de Smetana, et du roman de *Grand'mère* (« Babička » par Božena Němcová). M. Löwenbach, notre secrétaire très estimé, a été, à ce que j'en sais, le premier qui a sonné le tocsin dans les journaux par un article très sérieux, en recommandant des mesures législatives bien sévères contre de telles infractions aux intérêts moraux de la nation entière.

Après une discussion dans les journaux et dans les sociétés s'occupant de ces questions relatives, après une enquête par écrit très détaillée instituée par le ministère de l'Instruction publique, et des délibérations fort vives dans le sous-comité du droit d'auteur de la Chambre des députés, on est parvenu enfin à la disposition formulée dans le paragraphe 16, alinéa 3 :

Les œuvres qui ont une importance générale pour l'art, la culture ou la civilisation du peuple, ne peuvent, après la mort de leur auteur, être modifiées ou remaniées de telle sorte que ce soit évidemment au-dépens de l'estime qu'on en fait ou de leur valeur. Les corporations publiques ou privées, qui, d'après les prescriptions de la loi ou de leurs statuts, sont chargées de prendre soin des intérêts littéraires, musicaux et artistiques, ont le droit pendant un temps illimité, après la mort de l'auteur des œuvres de ce genre, s'il n'existe pas d'ayant cause ou si ce dernier omet d'intervenir, d'introduire une action civile contre qui que ce soit afin d'empêcher ou de faire interdire par sentence judiciaire qu'il soit ainsi fait abus de l'œuvre. D'autres demandes contre les mêmes personnes en raison du même abus ne sont pas admissibles dès que l'affaire a été entamée devant le tribunal compétent ou qu'elle a été définitivement résolue.

b) Une autre disposition dépassant le domaine du droit d'auteur est présentée par le paragraphe 26 du Projet concernant la publication et reproduction illicite des lettres-missives, des journaux privés et d'autres remarques intimes. Ces écrits, qui, de leur nature, ne participent pas à la protection du droit d'auteur, l'élément créateur y faisant défaut, vont être pourtant soumis par une disposition expresse à la même protection que les œuvres littéraires. Il s'agit ici d'une extension positive de la protection du droit d'auteur à des cas de nature ne justifiant pas une telle protection. Ce ne sont donc pas les intérêts d'auteur, mais seulement des intérêts purement personnels, ceux de la sphère intime, qui sont mis sous la protection de la loi.

C'est ce qui explique que les bénéficiaires de cette protection ne sont pas les mêmes que dans le domaine du droit d'auteur au sens strict : Après la mort de « l'auteur » des lettres-missives, etc., c'est le conjoint et les enfants, à leur défaut les père et mère et à défaut de ces derniers les frères et sœurs.

Participe aussi à la même protection le destinataire de la lettre-missive en tant que la publication ou l'édition toucherait ses intérêts sérieux.

Toutefois il est permis de faire usage des écrits privés susmentionnés absolument auprès des autorités publiques, ensuite de les publier et éditer, si cela se fait pour des motifs qui dépassent évidemment en importance l'intérêt de l'auteur ou des autres ayants droit susmentionnés.

RÉSUMÉ

Pour résumer notre rapport sur le projet en indiquant les traits marquants de la réforme aujourd'hui en train, il faut constater d'abord que le Projet s'impose une certaine réserve à l'égard du droit en vigueur et emploie, autant qu'il est compatible avec les buts de la réforme, une méthode plutôt conservative. C'est ce que nous apprend déjà un rapide coup d'œil sur la structure systématique du Projet qui est directement empruntée à la loi de 1895.

Ce procédé conservatif, ce principe, dirai-je, évolutif, doit certainement être approuvé, puisqu'il épargne aux milieux intéressés, aux écrivains, artistes, éditeurs, juristes, les inconvénients qui découlent de la discontinuité des réformes législatives.

A plus forte raison a-t-on conservé dans le Projet le principe de l'unité du droit d'auteur déjà adopté par la loi de 1895. Nous avons constaté plus haut (sous le n° 4) qu'il conduit, tant au point de vue théorique que pratique, à des conséquences fort satisfaisantes, ce qui a été démontré tant pour la question de l'étendue du droit exclusif de l'auteur que pour celle des intérêts protégés en vertu de son droit.

Cependant le procédé conservatif trouve ses limites nécessaires dans les exigences de la vie sociale et les réformes législatives sont appréciées dans la mesure où elles satisfont à ces exigences. Trois buts s'imposent, comme nous l'avons vu plus haut (v. n° 1), à notre législateur : d'abord l'unification interne, puis la mise en accord du droit interne avec la Convention de Berne et enfin l'élargissement de la protection, réclamé par les milieux intéressés et spécialement la satisfaction des intérêts se rattachant aux nouvelles inventions de reproduction technique. Le Projet réussira-t-il à atteindre ces buts?

En général on peut considérer le but de l'unification comme assuré par le Projet, ainsi que celui de la mise en accord du droit interne avec la Convention (sauf une question réservée à l'examen séparé : v. plus haut sous le n° 6).

Quant au troisième but, je ne voudrais pas préjuger l'avis de l'éminente assemblée à laquelle j'ai le grand honneur de présenter ce Rapport. Je voudrais relever seulement qu'on peut distinguer dans le Projet, en tant qu'il s'agit de modifications du droit en vigueur ou de dispositions tout à fait nouvelles, deux groupes de règles :

Un certain nombre de questions se trouvent nettement résolues dans le Projet, car elles sont considérées comme suffisamment éclaircies au point de vue théorique et pratique et les circonstances semblent favorables à leur solution. On peut noter à cet égard l'élargissement du cercle des œuvres protégées (v. plus haut n° 7), l'élimination des dispositions reconnaissant les auteurs fictifs (personnes morales, propriétaires de l'établissement photographique, celui qui a commandé le portrait; v. sous le n° 8), l'élargissement des facultés exclusives émanant du droit d'auteur (diffusion radiophonique des œuvres littéraires inédites et des œuvres musicales même éditées; exposition publique des œuvres d'art figuratif et photographiques et leur exposition aux yeux du public à l'aide d'installations mécaniques ou optiques; v. sous le n° 12), le règlement de la durée du droit d'auteur (v. n° 14), etc.

Mais il y a d'autres questions, concernant lesquelles le législateur se borne à des solutions seulement partielles ou relatives, parce qu'il ne trouve pas encore la situation assez claire et l'expérience acquise suffisante pour les résoudre à fond, ou parce qu'il considère une décision générale des conflits en question comme absolument exclue, une appréciation des intérêts en l'espèce étant indispensable. Le Projet procède ici avec précaution, laissant parfois au libre arbitre du juge l'appréciation des intérêts en collision et la décision en faveur des intérêts qu'il estimera les plus importants. On peut citer à ce sujet notamment le paragraphe 35 sur le droit de l'artiste de participer à la plus-value de son œuvre; le paragraphe 16, alinéa 3, sur la protection de certaines œuvres d'importance et valeur générales, même tombées déjà dans le domaine public, contre des modifications et remaniements tendant à les dénaturer; le paragraphe 30, réglant la collision des intérêts de l'auteur et de ceux du propriétaire de l'œuvre, ainsi que toutes les autres dispositions, où il est imposé au juge de tenir compte des intérêts immatériels de l'auteur, dispositions tendant à la protection approfondie de son « droit moral ». (V. sous le n° 5.)

En ce qui concerne ce groupe de dispositions, des questions bien délicates peuvent surgir. L'application pratique nous renseignera sur le mérite de ces règles. Il y en a qui ne sont, il faut l'avouer, au moins pour une certaine partie, que des expériences.

En terminant mon Rapport, je voudrais faire remarquer encore que nous tous, qui avons contribué à élaborer ou à amender le présent Projet, nous serions heureux de voir que vous, Mesdames et Messieurs, vous emportez une impression favorable de cette œuvre législative en préparation.

Loi relative au droit de l'auteur sur les œuvres littéraires, artistiques et photographiques[1]

Section I

DISPOSITIONS GÉNÉRALES

§ 1

Objet du droit d'auteur

La présente loi protège les œuvres littéraires, artistiques (musicales et figuratives) et photographiques, qui ont été éditées (§ 8, alinéa 1) sur le territoire de la République tchécoslovaque, ainsi que les œuvres de cette espèce, dont les auteurs sont ressortissants tchécoslovaques, qu'elles aient été éditées où que ce soit, ou qu'elles n'aient pas été éditées du tout.

§ 2

Les œuvres des ressortissants étrangers sont protégées, qu'elles n'aient pas encore été du tout éditées ou qu'elles aient été éditées à l'étranger, conformément aux stipulations des conventions internationales en tant que la réciprocité est assurée dans l'État étranger en question aux termes d'une déclaration du gouvernement, publiée dans le Recueil des lois et décrets.

§ 3

Le droit d'auteur embrasse l'œuvre dans son ensemble et dans ses parties.

1. Le projet soumis à la Réunion de Prague, en traduction française, a été adopté sans modifications par le Parlement tchécoslovaque; il est devenu la loi du 24 novembre 1926. La traduction de cette loi, publiée par *le Droit d'Auteur* (numéros des 15 mars et 15 avril 1927, p. 29 et 41), est la reproduction, avec quelques variantes de forme, de la traduction du Comité tchéco-slovaque de l'Association. Nous publions ici le texte du *Droit d'Auteur*, avec quelques changements de terminologie dans les paragraphes 52 et s., pour nous rapprocher des termes correspondants de la loi et de la jurisprudence françaises.

Voir dans *le Droit d'Auteur*, 15 octobre 1927, p. 114, l'ordonnance du 17 février 1927 concernant l'exécution de la loi. Elle vise le registre des œuvres anonymes, les collèges d'experts et les mesures transitoires pour assurer les droits acquis par des tiers antérieurement à la loi.

§ 4

1. Constituent des œuvres littéraires ou artistiques dans le sens de la présente loi toutes les créations du domaine des belles lettres, de la littérature scientifique et de l'art (musical et figuratif) sans égard à leur étendue, à leur but ou au degré de leur mérite.

2. En font partie notamment :

1° Les œuvres littéraires (livres, brochures, feuilles périodiques, articles et autres) ;

2° Les œuvres dramatiques et dramatico-musicales, chorégraphiques et pantomimes (œuvres scéniques), et encore cinématographiques ou bien les œuvres créées par un procédé analogue, lorsque par leur arrangement ou liaison des péripéties représentées, elles constituent des créations originales;

3° Les dessins servant à des buts littéraires, les plans, cartes, ouvrages plastiques, esquisses, plans géographiques et topographiques, globes, photographies et autres illustrations de caractère scientifique ou technique, s'ils ne sont pas considérés, en raison de leur but, comme œuvres artistiques;

4° Les conférences, tendant à édifier, instruire ou à amuser;

5° Les œuvres d'art musical avec ou sans texte;

6° Les œuvres d'art figuratif, telles que les œuvres de sculpture, de dessin, de peinture, d'art graphique, de gravure, d'art du médailleur et de plastique, les œuvres d'architecture, les produits artistiques fabriqués au moyen de la lithographie ou d'un procédé analogue, de même que les plans et esquisses pour toutes espèces d'œuvres artistiques figuratives;

7° Les œuvres d'art appliqué, d'architecture des jardins et d'industrie artistique, ainsi que les plans et esquisses destinés à des œuvres de ce genre.

3. Il faut entendre par œuvres photographiques dans le sens de la présente loi tous les produits et créations dans lesquels le procédé de la photographie ou tout autre semblable a été employé comme moyen auxiliaire nécessaire.

§ 5

Les collections de caractère littéraire, artistique ou photographique constituent des œuvres dans le sens de la présente loi en tant qu'elles portent l'empreinte d'un arrangement ou d'un choix personnel, que les diverses parties qu'elles contiennent soient déjà protégées par la présente loi ou qu'elles ne le soient pas.

§ 6

1. Les lois, les décrets, les décisions des autorités, les écrits et documents publics, de même que les discours et conférences prononcés dans les discussions et consultations sur les affaires publi-

ques, ne sont pas protégés en eux-mêmes, à moins qu'il ne s'agisse d'exposés de caractère purement technique non prononcés en public. Pour la publication collective de discours ne jouissant pas de la protection de la loi, ou encore de « parères » officiels et autres manifestations de ce genre, il est cependant nécessaire d'obtenir l'autorisation de leur auteur ou de son ayant cause.

2. Ne jouissent pas de la protection de la loi les annonces commerciales, les prix courants, les explications et instructions qui sont jointes aux produits industriels pour renseigner les acheteurs, et encore les imprimés destinés uniquement à l'usage journalier, à celui de la vie de ménage ou sociale, à moins qu'ils ne présentent par leur contenu ou leur nature le caractère d'œuvre littéraire ou artistique.

§ 7

9. Donnent naissance au droit d'auteur, sans aucun préjudice des droits relatifs à l'œuvre originale, aussi les remaniements en tant qu'ils sont reconnus comme le résultat de l'activité créatrice du remanieur. Il faut ranger ici, sous cette même condition, notamment : les traductions, les dramatisations, les adaptations, les variations et arrangements musicaux, la mise à l'écran cinématographique, de plus les adaptations personnelles d'œuvres littéraires et musicales à des appareils destinés à leur reproduction mécanique, ainsi que l'adaptation d'œuvres musicales par un arrangement technique à des appareils de ce genre ou à leurs parties, pourvu que se trouve déterminé par là un caractère personnel de reproduction. De même, il faut ranger ici la reproduction des œuvres artistiques figuratives à l'aide d'un procédé artistique différent du procédé original et les reproductions photographiques d'œuvres littéraires, artistiques ou photographiques, en tant qu'elles ne constituent pas seulement des multiplications de l'œuvre primitive.

§ 8

Édition et apparition de l'œuvre

1. Une œuvre est éditée le jour où elle a été pour la première fois, avec l'assentiment de l'ayant droit, mise sur le marché public. C'est aussi d'après cela que se détermine l'endroit où l'œuvre a été éditée. L'œuvre qui a été éditée simultanément sur le territoire auquel s'applique la présente loi et en dehors dudit territoire est considérée comme éditée sur ledit territoire.

2. Une œuvre est considérée comme parue dès qu'elle a été éditée (al. 1); une œuvre musicale ou scénique l'est du jour où elle a été pour la première fois licitement exécutée en public; une œuvre d'art figuratif ou photographique du jour où elle a été, soit elle-même, soit par une multiplication ou reproduction, licitement exposée pour la première fois en public. Équivaut à une exposition publique pour

une œuvre de sculpture ou d'architecture (aussi bien que d'architecture des jardins) son placement ou son achèvement dans un endroit public ou dans un endroit livré aux regards du public.

§ 9

Auteur, remanieur

1. L'auteur d'une œuvre est celui qui l'a créée, l'auteur du remaniement (remanieur) (§ 7) celui dont l'activité a produit un type personnel de remaniement.

2. S'il n'existe pas d'autre stipulation, est considéré comme remanieur (al. 1) pour la mise à l'écran cinématographique le régisseur; pour l'adaptation d'une œuvre à des instruments ou à des appareils destinés à la reproduction mécanique, celui qui a opéré l'adaptation, ou bien, s'il s'agit d'une adaptation chorale ou orchestrale, celui qui l'a dirigée (chef d'orchestre), et s'il s'agit de la transposition de l'œuvre par un arrangement technique pour des appareils de reproduction et pour leurs parties, celui dont l'activité détermine le caractère de la reproduction.

§ 10

Coauteurs

1. Pour les œuvres créées en commun par plusieurs personnes, dans lesquelles les résultats de leur création, même en tant qu'il est possible de les discerner individuellement, forment un tout indivisible, le droit d'auteur appartient en commun et indivisiblement à tous les coauteurs. Ils peuvent seulement tous en commun disposer de l'œuvre, notamment décider de son édition, multiplication et exécution. S'il n'y a pas entente, la décision est remise, sur la demande de quelqu'un d'entre eux et suivant la procédure non contentieuse, au tribunal dont la compétence est fixée par le domicile du requérant en Tchécoslovaquie et en tenant compte aussi des intérêts immatériels des auteurs.

2. Chacun des coauteurs a cependant le droit de poursuivre judiciairement de son chef les atteintes portées au droit d'auteur commun.

3. Pour le transfert de la part qui appartient à chacun dans le droit d'auteur, ce sont les dispositions des paragraphes 15 et 16, alinéa 1, qui sont applicables.

§ 11

Œuvres collectives et composées

1. Pour les œuvres qui, bien que formées des contributions indépendantes de plusieurs collaborateurs, constituent cependant un ensemble littéraire ou artistique (œuvres collectives), le droit d'au-

teur est double : pour l'ensemble, il appartient à l'ordonnateur, pour les diverses contributions à leurs auteurs. Ces derniers, lorsqu'ils éditent à part leurs contributions, sont tenus d'indiquer l'œuvre dans laquelle elles ont paru. Une contribution publiée dans des ouvrages périodiques (feuilles périodiques, annuaires, calendriers et autres) ne peut, pendant l'année qui suit l'édition, être l'objet d'une disposition dans la langue de l'original qu'avec l'autorisation de l'ordonnateur et, s'il n'est pas indiqué, qu'avec celle de l'éditeur.

2. Si l'on joint ensemble des œuvres littéraires, musicales, d'art figuratif ou photographique, les droits d'auteur qui les concernent restent intacts.

3. Pour l'exécution d'un opéra ou de toute autre œuvre musicale accompagnée d'un texte, il suffit de l'autorisation de celui à qui appartient le droit d'auteur relatif à la partie musicale. L'auteur de la partie musicale est cependant tenu de payer à l'auteur du texte ou de lui céder une partie appropriée de la somme qu'il a reçue pour l'exécution de l'œuvre.

§ 12

Œuvre portant le nom véritable de l'auteur

1. En tant que le contraire n'a pas été prouvé, est considéré comme l'auteur de l'œuvre parue celui dont le véritable nom a été indiqué comme celui de l'auteur lors de l'apparition (§ 8, al. 2). Est considéré comme véritable le nom de famille de l'auteur, bien qu'il lui soit adjoint un autre nom pour désigner plus spécialement la personne.

2. Sur une œuvre éditée (§ 8, al. 1), il est loisible d'indiquer le nom de l'auteur sur la page du titre, au-dessous de la dédicace, ou de la préface, au commencement ou à la fin de l'ouvrage, et dans les œuvres collectives (§ 11, al. 1) au commencement ou à la fin de chaque contribution ou bien dans l'index. Pour les œuvres d'art figuratif ou photographiques, il suffit que le nom de l'auteur ou sa marque ordinaire soient indiqués sur l'œuvre elle-même ou sur le carton sur lequel elle est fixée.

§ 13

Œuvres anonymes et pseudonymes

Pour les œuvres qui ont paru sans indication du véritable nom de l'auteur (§ 12) (œuvres anonymes ou pseudonymes), c'est le publicateur et, s'il n'est pas indiqué, l'éditeur qui est fondé à faire valoir les droits appartenant à l'auteur, en tant que ce dernier ne se déclare pas publiquement comme étant l'auteur.

§ 14

Exécution

1. Le droit d'auteur, en tant qu'il appartient à l'auteur, à son

héritier ou légataire, ne peut être atteint par des mesures d'exécution où de saisie pour dettes pécuniaires contre les personnes susindiquées.

2. Il en est de même pour les originaux des œuvres protégées par le droit d'auteur, à l'exception des constructions et des œuvres d'art figuratif, préparées pour la vente.

3. Cependant les moyens d'exécution et de saisie sont admis contre lesdites personnes sur les multiplications et reproductions de l'œuvre déjà publiée, sur les œuvres d'art figuratif préparées pour la vente et sur toutes les créances matérielles résultant du droit d'auteur.

4. Lors de l'exécution, les intérêts immatériels de l'auteur doivent toujours être ménagés.

§ 15

Transmission du droit d'auteur

Le droit d'auteur passe à l'héritier; la dévolution au profit de l'État ne se produit pas.

§ 16

1. L'auteur peut transférer son droit d'auteur limité ou illimité à d'autres personnes par un acte juridique entre vifs et pour cause de mort. Si l'auteur ou celui qui a acquis ses droits par héritage ou par legs transfère le droit d'auteur à une autre personne, il reste malgré cela à celui qui opère le transfert le droit de réclamer la protection des intérêts immatériels de l'auteur suivant les dispositions de la présente loi. Si le droit transféré s'éteint en la personne de l'acquéreur ou de ses ayants cause avant que le délai de protection se soit écoulé, le droit d'auteur reprend son étendue primitive.

2. L'acquéreur du droit d'auteur n'est pas fondé à ajouter quelque chose, à retrancher ou à apporter quelque autre modification à l'œuvre elle-même, à sa désignation, à l'appellation de l'auteur, s'il n'y a pas de stipulation sur ce point. Sont seules admissibles les modifications pour lesquelles celui qui a transféré le droit ne peut, suivant l'honêteté et la bonne foi, refuser l'autorisation. Cela s'applique notamment à l'exécution publique des œuvres scéniques, musicales et cinématographiques.

3. Les œuvres qui ont une importance générale pour l'art, l'éducation ou la culture de la population ne peuvent, après la mort de leur auteur, être modifiées ou remaniées de telle sorte que ce soit manifestement aux dépens de leur importance ou de leur valeur. Les corporations publiques ou privées, qui, d'après les prescriptions de la loi ou de leurs statuts, sont chargées de prendre soin des intérêts littéraires, musicaux et artistiques, ont le droit pendant un temps illimité, après la mort de l'auteur des œuvres de ce genre, s'il n'existe pas d'ayant cause ou si ce dernier omet d'intervenir, d'introduire une action civile contre qui que ce soit afin d'empêcher ou de faire interdire par une sentence judiciaire qu'il soit ainsi disposé abusi-

vement de l'œuvre. D'autres demandes contre les mêmes personnes en raison du même abus ne sont pas admissibles dès que l'affaire a été entamée devant le tribunal compétent ou qu'elle a été définitivement résolue.

§ 17

Droit sur les œuvres futures

L'auteur peut déjà en avance disposer valablement de l'œuvre qu'il créera. Mais le contrat par lequel quelqu'un transfère son droit sur ses œuvres futures en général ou sur une certaine sorte d'entre elles peut être dénoncé à quelque époque que ce soit par l'une ou l'autre partie. Si un délai plus court n'a pas été stipulé, le délai de dénonciation est d'un an. La renonciation à ce droit de dénonciation est nulle et non avenue.

§ 18

Transfert de la propriété de l'œuvre

1. Si l'auteur transfère à un tiers la propriété de son œuvre, il ne lui transfère pas par là sans une stipulation spéciale le droit d'auteur sur l'œuvre.
2. Si cependant l'auteur transfère, lorsqu'il s'agit d'une œuvre d'art figuratif ou photographique, le moyen de multiplication (moule, plaque et autre similaire), il est censé avoir aussi transféré le droit de multiplication.

§ 19

Rapport entre le propriétaire de l'œuvre et l'auteur

Le propriétaire de l'œuvre est tenu de souffrir que l'auteur, d'une manière convenable et tout en ménageant les intérêts du propriétaire, notamment ceux de caractère immatériel, fasse valoir ses intérêts d'auteur, en tant qu'ils seront trouvés plus importants que les intérêts du propriétaire avec lesquels ils sont en conflit, mais il n'est tenu dans ce but ni de livrer l'œuvre à l'auteur, ni de la conserver sans modification, ni de la protéger contre les dommages ou le dépérissement.

§ 20

Conséquences de la non-exécution du contrat

1. Si l'auteur (§ 1 de la loi du 11 mai 1923, sur le contrat d'édition ; voir *Droit d'Auteur*, 1924, p. 2 et *sqq.*) a cédé l'œuvre à un tiers afin qu'elle soit multipliée et répandue ou exécutée en public, adaptée à des instruments mécaniques ou optiques, répandue par la radiophonie ou exposée en public, et si, dans un délai de deux ans à compter de la livraison de l'œuvre, à moins qu'il n'y ait eu un autre délai de

stipulé, l'engagement, sans la faute ou la volonté de l'auteur, n'a pas été du tout tenu ou qu'il ait été rempli d'une façon essentiellement contraire au contrat, l'auteur (le cédant) peut soit demander l'exécution et la réparation des dommages, ou bien, en accordant un délai pour l'exécution ultérieure, déclarer qu'il se dégage du contrat, si le délai n'est pas observé. Cependant, il n'est pas tenu d'accorder le délai pour l'exécution ultérieure, s'il n'est pas du tout possible à l'autre partie de remplir son engagement, ou bien si elle a refusé de le remplir, ou bien si l'auteur (le cédant) a un intérêt spécial à se dégager immédiatement du contrat.

2. Si l'exécution a été stipulée dans un temps précisément déterminé ou dans un délai précisément déterminé sous peine de la dénonciation du contrat ou bien s'il résulte du caractère du contrat ou du but de l'exécution, connu de l'obligé, que l'autre partie perdrait par le retard son intérêt à l'exécution, l'auteur (le cédant) doit, s'il désire maintenir le contrat, le signifier sans délai à l'autre partie, dès que le temps est arrivé ou que le délai est échu; s'il omet de le faire, il ne peut plus tard insister sur l'exécution.

3. Quand même il se retirerait du contrat, l'auteur (le cédant) peut demander la réparation du dommage que lui a causé la non-exécution dont l'autre partie s'est rendue coupable, sans qu'il soit tenu de rendre la rémunération reçue.

4. Ces mêmes dispositions sont applicables par analogie également au cas où n'a pas été rempli l'engagement de faire une nouvelle édition d'une œuvre épuisée, ainsi qu'au cas où une œuvre cédée pour être de nouveau exécutée (représentée ou propagée par la radiophonie) n'a pas été exécutée dans un nouveau délai de deux ans.

5. Cette dernière disposition remplace le paragraphe 13, alinéas 4 et 5 et le paragraphe 32 de la loi sur le contrat d'édition, n° 106 du Recueil des lois et décrets de 1923.

SECTION II

ÉTENDUE DU DROIT D'AUTEUR

a) *Pour les œuvres littéraires*

§ 21

Droit exclusif

L'auteur a le droit exclusif de publier son œuvre, de la multiplier, de la mettre en vente, de s'en servir pour l'adapter à des instruments ou à leurs appareils destinés à la reproduction mécanique, ou bien pour montrer le contenu de l'œuvre par la cinématographie ou autre procédé semblable et, tant que l'œuvre n'a pas été publiée, de la réciter en public, de la répandre par la radiophonie et, pour une œuvre dramatique ou cinématographique, de la représenter en public. Ce droit concerne l'œuvre tant dans sa forme primitive qu'en traduction et après qu'elle a subi tout autre remaniement (§ 7), sans préjudice des droits du remanieur (§ 9), ainsi que sous réserve du cas indiqué au paragraphe 23, n° 1.

§ 22

Atteinte portée au droit d'auteur

Porte atteinte au droit d'auteur notamment celui qui sans autorisation de l'ayant droit :

1. Publie une œuvre encore non parue;

2. Édite des extraits de l'œuvre, ainsi que celui qui, ayant fait subir un remaniement à l'œuvre, dispose de son remaniement d'une façon réservée à l'auteur, à condition que ce remaniement n'ait pas le caractère d'une œuvre nouvelle originale (§ 23, n° 1);

3. Réimprime de nouveau une œuvre à l'encontre de l'engagement qui résulte du contrat d'édition, soit à titre d'éditeur, soit à titre de cédant.

§ 23

Usages autorisés de l'œuvre

Ne porte pas atteinte au droit d'auteur :

1. Celui qui, ayant remanié l'œuvre d'un tiers en une œuvre nouvelle originale, dispose de son remaniement de la façon réservée à l'auteur ;

2. Celui qui, sans rien changer, à leur sens évident, cite textuellement divers endroits ou parties d'une œuvre éditée. Il est cependant nécessaire d'indiquer l'auteur ou la source utilisée ;

3. Celui qui emprunte pour mettre dans un ensemble littéraire indépendant, constituant par son essence une œuvre scientifique, et dans la mesure justifiée par ce but, diverses petites œuvres, déjà éditées ou bien diverses esquisses et images tirées d'œuvres éditées dans le seul but d'expliquer le texte, pourvu que la partie empruntée ne dépasse pas une feuille d'impression de l'œuvre d'où elle a été prise. Ceci s'applique également aux recueils qui ont été composés d'œuvres publiées de plusieurs auteurs, pour l'usage des écoles, de l'instruction ou des églises. Il est toujours nécessaire d'indiquer la source utilisée, ainsi que le nom de l'auteur s'il est mentionné sur l'œuvre;

4. Celui qui cite le simple contenu d'une œuvre parue ou d'une conférence prononcée en public par son auteur ou avec son consentement; mais il est nécessaire d'indiquer l'auteur ou la source utilisée;

5 Celui qui imprime un texte déjà édité appartenant à une œuvre musicale, soit conjointement avec l'œuvre musicale, soit pour son exécution, à condition que ce but ressorte clairement des imprimés

et que l'auteur n'ait pas défendu une utilisation semblable de l'œuvre sur l'exemplaire d'après lequel l'impression a été faite; en même temps, il est nécessaire d'indiquer l'auteur ou la source utilisée. Sont exceptés cependant les textes des oratorios, des cantates, des opéras, des opérettes et en général des ouvrages dramatiques comprenant du chant;

6. Celui qui exécute diverses[1] multiplications pour son usage personnel, sans avoir l'intention d'en retirer un bénéfice;

7. Celui qui fait usage pour une représentation publique des appareils destinés à la reproduction mécanique et mis en circulation avec l'autorisation de l'auteur.

§ 24

Articles et informations des journaux

1. Les divers articles et études publiés dans les journaux peuvent être reproduits dans d'autres journaux, si cela n'est pas expressément interdit. Pour cette interdiction il suffit d'une réserve générale faite en tête du journal. Dans la reproduction, la source doit être visiblement indiquée.

2. Les romans-feuilletons, contes et poésies, ainsi que les dissertations amusantes, scientifiques, techniques ou artistiques publiés dans les journaux ou dans les publications périodiques ne peuvent cependant être reproduits ailleurs sans autorisation de l'auteur, même si la réserve n'a pas été faite conformément au paragraphe premier.

3. Les informations et télégrammes de caractère politique, s'ils ne sont pas indiqués comme renseignements originaux, puis les nouvelles de journaux et les faits-divers ayant le caractère de simples informations, peuvent être empruntés aux journaux et périodiques pour être reproduits ailleurs.

§ 25

Les informations et notes, recueillies et multipliées pour être publiées dans les journaux, sont protégées tant qu'elles n'ont pas été publiées dans une des feuilles (journaux et périodiques) autorisées à cet effet.

§ 26

Lettres, journaux personnels et autres œuvres semblables

1. Jouit également de la protection accordée au droit de l'auteur, l'auteur d'une lettre non-littéraire, d'un journal personnel, ainsi que d'autres notes confidentielles, à l'encontre de leur publication ou édition non autorisée. Après la mort de l'auteur, ce droit appar-

1. M. le professeur Hermann-Otavsky a conclu qu'il fallait lire : quelques. (Voir procès-verbaux de la 2e séance, p. 63.)

tient pendant la durée légale (§§ 38, 39) au conjoint survivant et aux enfants et, à défaut de ces personnes, aux père et mère, et, à défaut de ces derniers, aux frères et sœurs.

2. Jouit également de la protection accordée à l'alinéa premier le destinataire d'une lettre, en tant que la publication ou édition porterait atteinte à des intérêts personnels importants dudit destinataire.

3. Il est cependant permis de se servir, sans condition devant les autorités, des lettres et des notes mentionnées à l'alinéa premier, de plus de les publier et de les éditer, si cela se fait pour un motif qui l'emporte évidemment sur l'intérêt de l'auteur ou des ayants droit susmentionnés.

b) *Pour les œuvres musicales*

§ 27

Droit exclusif

1. L'auteur possède le droit exclusif de publier son œuvre, de la multiplier, de la mettre en vente, de l'exécuter en public, de la répandre par la radiophonie, de s'en servir pour l'adapter à un instrument ou à tout autre appareil destiné à la reproduction mécanique, ainsi qu'à la reproduction publique à l'aide d'appareils de ce genre. Ce droit s'étend sur l'œuvre tant dans sa forme originale que sur son remaniement (§ 7) sans préjudice des droits du remanieur (§ 9), ainsi que sous réserve du cas indiqué au paragraphe 29, n° 1.

2. Sur les instruments ou plaques, rouleaux et autres arrangements qui servent à la multiplication de l'œuvre, le nom de l'auteur ou la source utilisée devront être indiqués.

§ 28

Atteinte portée au droit

1. Porte atteinte au droit d'auteur notamment celui qui sans autorisation de l'ayant droit édite le remaniement de l'œuvre d'un tiers n'ayant pas le caractère d'une œuvre nouvelle originale (§ 29, n° 1), ou des abréviations, extraits et mélanges d'œuvres de tiers, ainsi que des arrangements empruntant la pensée musicale d'un tiers sans que cela soit motivé au point de vue artistique.

2. Les dispositions du paragraphe 22 doivent être appliquées ici, par analogie.

§ 29

Usages autorisés de l'œuvre

Ne porte pas atteinte au droit d'auteur :

1. Celui qui ayant remanié l'œuvre musicale d'un tiers ou la

pensée musicale d'un tiers pour en faire une œuvre nouvelle originale dispose de son remaniement de la façon réservée à l'auteur;

2. Celui qui reproduit dans une autre œuvre, que ce soit lors de son édition ou bien de sa représentation ou exécution en public divers passages d'une œuvre musicale déjà parue. Lorsqu'il s'agit d'édition, le nom de l'auteur ou la source utilisée devront être indiqués;

3. Celui qui emprunte diverses menues compositions déjà éditées ou quelques-unes de leurs parties pour les mettre dans un ensemble littéraire indépendant, qui est de son essence une œuvre scientifique et cela dans la mesure justifiée par ce but, ou bien dans un recueil de chants, tirés d'œuvres déjà publiées de divers compositeurs pour l'usage des écoles, exception faite des recueils destinés aux écoles de musique. Il est nécessaire d'indiquer, ce faisant, la source utilisée et aussi le nom de l'auteur s'il est mentionné sur l'œuvre;

4. Celui qui confectionne diverses multiplications de l'œuvre pour son usage personnel sans avoir l'intention d'en retirer un bénéfice.

Dans les cas indiqués aux n°s 2 et 3 il n'est cependant pas permis de faire de l'œuvre un usage qui lui ôterait de sa valeur au point de vue artistique.

§ 30

Honoraires relatifs à l'exécution

1. Si l'auteur d'une œuvre musicale accompagnée d'un texte ou sans texte est membre d'une association professionnelle tchécoslovaque s'occupant de perception des honoraires relatifs à l'exécution des œuvres, ou bien s'il est membre d'une organisation étrangère de ce genre représentée par une association indigène, il possède au lieu du droit aux dommages-intérêts ou remboursement du profit réalisé (§§ 57, 58) à l'encontre des ordonnateurs d'une exécution publique non scénique ou d'une reproduction par la radiophonie, le droit à l'obtention des honoraires appropriés pour ladite exécution.

2. Si les deux parties sont membres d'associations, entre lesquelles a été conclu un contrat collectif relatif aux honoraires pour les exécutions, le montant de ces honoraires est fixé par les stipulations du contrat en question. En dehors de ce cas sera appliqué le tarif de la société indigène des droits d'auteur indigène (al. 1) approuvé par le ministère de l'Instruction publique et publié dans les trois premiers mois de chaque année dans le *Journal officiel* de la République tchécoslovaque.

c) *Pour les œuvres d'art figuratif*

§ 31

Droit exclusif

1. L'auteur possède le droit exclusif de publier son œuvre, de la

multiplier, de la reproduire, de l'exposer en public, d'en mettre en vente les multiplications ou reproductions et de la présenter en public au moyen d'appareils mécaniques et optiques.

2. Ce droit s'étend sur l'œuvre tant dans sa forme primitive que sur ses remaniements (§ 7), sans préjudice des droits du remanieur (§ 9), ainsi que sous réserve du cas indiqué à l'article 33, n° 1.

§ 32

Atteinte au droit d'auteur

1. Porte atteinte au droit d'auteur notamment quiconque, sans autorisation de l'ayant droit, reproduit l'œuvre originale et même lorsque cela se fait :

1. Par un autre procédé que celui qui a été employé par l'auteur;
2. Indirectement d'après des reproductions;
3. Sur un édifice, sur une œuvre d'art appliqué ou sur un produit commercial.

2. Les dispositions de l'article 22 sont applicables ici par analogie.

§ 33

Usages autorisés de l'œuvre

Ne porte pas atteinte au droit d'auteur :

1. Celui qui, ayant créé une œuvre nouvelle originale en se servant librement d'une œuvre d'art figuratif créée par un tiers, en dispose de la façon réservée à l'auteur;
2. Celui qui reproduit une œuvre de peinture ou d'art graphique par un art plastique ou inversement;
3. Celui qui s'en fait une reproduction pour son usage personnel, sans intention d'en tirer un gain. Cette disposition ne s'applique pas à la reproduction d'une œuvre d'architecture par réédification. Il n'est pas permis de marquer la reproduction du nom ou de la marque de l'auteur;
4. Celui qui multiplie ou reproduit une œuvre exposée dans des endroits accessibles au public. Il n'est cependant pas permis de multiplier une œuvre de peinture ou de dessin, soit par la peinture, soit par le dessin en général, soit par la photographie fabriquée de façon commerciale et représentant l'œuvre comme objet principal. De plus, il n'est pas permis de reproduire une œuvre plastique au moyen d'un art plastique, ni une œuvre d'architecture au moyen de l'art architectural; de même il n'est permis de reproduire et de multiplier une œuvre d'architecture en surface plane qu'en tant qu'il s'agit de son aspect extérieur;
5. Celui qui emprunte une multiplication ou reproduction de diverses œuvres d'art plastique déjà publiées seulement pour servir d'illustration dans une œuvre littéraire, à condition que ce soit là

son but principal. Il est nécessaire, en ce faisant, d'indiquer le nom de l'auteur et la source utilisée;

6. Celui qui adapte une œuvre publiée, sa multiplication ou reproduction à des appareils mécaniques ou optiques dans une conférence scientifique ou instructive, à condition qu'il le fasse sans l'intention de profiter ou dans un but de bienfaisance;

7. Celui qui, étant propriétaire de l'œuvre, l'expose en public, s'il ne le fait pas d'une manière commerciale ou d'une façon qui attente à la renommée artistique de l'auteur;

8. Celui qui multiplie les portraits commandés contre rémunération ou qui les fait reproduire pour son usage personnel ou pour les distribuer gratuitement.

§ 34

Droit sur un portrait personnel

1. Pour les portraits les droits réservés à l'auteur ne peuvent être exercés qu'avec l'autorisation de la personne représentée, ou si elle ne peut la donner elle-même, ainsi qu'après sa mort, seulement avec l'autorisation de l'époux et des enfants et, à défaut de ces personnes, avec l'autorisation des père et mère et, à défaut de ces derniers, avec celle des frères et sœurs.

2. Il n'est pas besoin de cette autorisation pour les portraits appartenant à l'histoire contemporaine, pour les reproductions des assemblées publiques, des cortèges et autres événements publics auxquels la personne représentée a participé, ainsi que pour les portraits qui n'ont pas été faits sur commande et dont la publication ou prorogation servent à des intérêts artistiques supérieurs.

3. Dans tous les cas il est nécessaire de respecter, de façon appropriée, les intérêts importants ou l'interdiction motivée de la personne représentée ou de ses proches ci-dessus mentionnés.

Ces dispositions ne s'appliquent pas à l'utilisation des portraits dans un but officiel.

§ 35

Participation à un gain plus élevé

1. L'auteur d'une œuvre d'art figuratif, à l'exception d'une œuvre architecturale, ainsi que celui qui a acquis un droit d'auteur, soit par héritage, soit par legs, ont droit à une part dans le gain net d'une importance disproportionnée obtenu par le propriétaire lors de la vente de l'œuvre originale ou bien des multiplications ou reproductions d'un caractère personnel fabriquées par l'auteur.

2. Ce droit peut être exercé par l'ayant droit en introduisant une demande devant le tribunal dont la compétence est fixée par la résidence habituelle du propriétaire (al. 1). Le tribunal en décide en tenant compte des conditions de fortune des deux parties; il peut attribuer au demandeur tout au plus 20 p. 100 du gain obtenu.

3. La renonciation au droit à venir ou l'aliénation de celui-ci sont nulles et non avenues. S'il s'agit d'une vente forcée, le droit ne peut être exercé que sur l'excédent du rendement de la vente.

4. L'action se prescrit par trois ans à compter du jour où l'ayant droit a eu connaissance de la vente qui motive son droit. Le droit s'éteint après dix ans écoulés depuis la vente, à moins que le vendeur ne se soit conduit de façon dolosive.

d) *Pour les œuvres photographiques*

§ 36

Droit exclusif

1. L'auteur a le droit exclusif de publier son œuvre, de la multiplier, de l'exposer en public, de la présenter en public au moyen d'appareils mécaniques ou optiques et d'en mettre en vente les multiplications (reproductions).

2. Les dispositions relatives aux œuvres photographiques ne s'appliquent pas cependant aux œuvres qui doivent être traitées suivant les dispositions qui s'y appliquent comme des parties d'œuvres littéraires encore protégées.

3. Pour les œuvres photographiques il faut appliquer par analogie les dispositions des paragraphes 22, 23, n°s 3 et 6, des paragraphes 32, 33, n°s 1 à 7 et du paragraphe 34.

4. Les portraits commandés contre rémunération peuvent être publiés et multipliés par celui qui les a commandés ou son représentant légal, qu'il le fasse lui-même ou qu'il le fasse faire par d'autres personnes.

§ 37

Œuvres cinématographiques et similaires

Possède les mêmes droits l'auteur d'une œuvre cinématographique indépendante ou préparée par un procédé similaire, ainsi que l'auteur des œuvres de ce genre faites d'après une œuvre littéraire ou artistique, pourvu qu'il ait donné à l'arrangement ou à l'enchaînement des événements le caractère personnel d'une œuvre indépendante.

SECTION III

DURÉE DU DROIT D'AUTEUR

§ 38

Œuvre portant le nom véritable de l'auteur

1. Le droit d'auteur sur les œuvres littéraires et artistiques (musi-

cales et d'art figuratif) s'éteint en règle générale cinquante ans après la mort de l'auteur; pour les œuvres créées en commun par plusieurs personnes (§ 10), il s'éteint cinquante ans après la mort du coauteur qui a survécu aux autres (§ 43). Si le droit de quelque coauteur ou de celui à qui son droit a été transmis (§ 10, al. 3) s'éteint auparavant, sa part accroît à celle des autres coauteurs ou de leurs ayants cause.

3. Pour les œuvres posthumes qui ont paru (§ 8, al. 2) dans les dix dernières années de la période de protection, le droit d'auteur s'éteint dix ans après leur apparition.

§ 39

Œuvres ne portant pas le véritable nom de l'auteur

1. Le droit d'auteur sur les œuvres littéraires et artistiques (musicales et d'art figuratif) pour lesquelles le véritable nom de l'auteur n'est pas indiqué (§§ 12 et 13) s'éteint cinquante ans après leur apparition.

2. L'auteur ou, s'il ne manifeste pas d'autre volonté, ses héritiers et, avec leur assentiment, tout autre ayant cause, a cependant le droit de déclarer dans ce délai le véritable nom de l'auteur pour le faire inscrire au registre public des droits d'auteur. Ce registre est tenu par l'autorité qui sera désignée par décret. La déclaration à l'inscription a pour effet que la période de protection est comptée d'après le paragraphe 38 comme si l'œuvre avait paru sous le nom véritable.

3. Lors de l'inscription, ni le droit du déclarant ni l'exactitude des faits déclarés ne sont examinés. Le déclarant paye la taxe fixée. Les détails seront réglés par le décret.

§ 40

Œuvres collectives

Pour les œuvres collectives (§ 11), la période de protection pour le droit de l'ordonnateur et de chacun des collaborateurs est considérée individuellement d'après les prescriptions des paragraphes 38 et 39.

§ 41

Œuvres photographiques

Le droit d'auteur sur les œuvres photographiques s'éteint dix ans après l'édition. Si l'œuvre n'a pas été éditée avant la mort de l'auteur, le droit d'auteur s'éteint dix ans après sa mort.

§ 42

Œuvres paraissant par parties

1. Si l'œuvre paraît par parties (volumes successifs, fascicules ou

feuilles) dont le contenu forme un tout à part, la période de protection est calculée spécialement pour chacune de ces parties comme si c'était une œuvre indépendante.

2. Pour les parties qui ne forment pas un tout à part, la période de protection est calculée à partir de l'édition de la dernière desdites parties. Cependant, s'il s'est écoulé entre l'édition de ces diverses parties une période de plus de trois ans, on considère séparément les parties éditées avant l'expiration de ce délai et celles qui sont éditées après la dite expiration, pour calculer la période de protection comme s'il s'agissait d'œuvres indépendantes.

§ 43

Calcul des délais

Les délais de protection et de réserve, notamment ceux qui sont fixés aux paragraphes 38 et suivants, se comptent à partir du début de l'année civile qui suit l'événement décisif pour le commencement du délai.

SECTION IV

PROTECTION DU DROIT D'AUTEUR

§ 44

Atteinte portée au droit d'auteur

Celui qui, sans y être autorisé, se comporte envers l'œuvre d'une façon que la loi réserve à l'auteur porte atteinte à son droit et en est responsable tant d'après les dispositions générales en vigueur que d'après les prescriptions spéciales de la présente loi.

§ 45

Délit d'atteinte portée au droit d'auteur

1. Celui qui lèse le droit d'auteur en lui portant sciemment atteinte (§ 44) est puni pour ce délit d'un emprisonnement de quatorze jours à six mois ou d'une amende de 200 à 50 000 couronnes tchécoslovaques, ou de ces deux peines cumulativement.

2. La tentative est punissable.

§ 46

Autres délits

(1) Est puni, pour délit commis, d'un emprisonnement de quatorze jours à six mois ou d'une amende de 200 à 50 000 couronnes tché-

coslovaques ou bien encore de ces deux peines cumulativement, celui qui, dans l'intention de tromper :

1. Munit l'œuvre d'un tiers de son propre nom ou d'un autre faux nom, ou bien son œuvre propre du nom de quelqu'un d'autre, ou bien la reproduction d'une œuvre d'art figuratif du nom ou de la marque de l'auteur de l'œuvre originale, pour la mettre en circulation ;

2. Met en circulation une œuvre muni d'un faux nom ou d'une fausse marque (n° 1);

3. Donne à une œuvre sans motifs graves et réels, l'appellation, notamment le titre ou l'arrangement extérieur, d'une autre œuvre, de façon que cela puisse, malgré une attention moyenne, conduire à des erreurs sur l'identité des deux œuvres et dans le but de mettre en circulation une œuvre de ce genre;

4. Fait une déclaration fausse pour l'inscription au registre des droits d'auteur.

(2) La tentative est punissable.

§ 47

Contraventions

Est puni pour contravention d'une amende de 50 à 10 000 couronnes tchécoslovaques ou d'un emprisonnement de trois jours à un mois :

1. Celui qui, à l'encontre de l'obligation qui lui est imposée par la présente loi, omet d'indiquer l'auteur ou la source utilisée;

2. Celui qui munit une reproduction d'une œuvre d'art figuratif du nom ou de toute autre désignation de l'auteur de l'œuvre originale de façon à faire croire qu'il s'agit de l'œuvre originale ;

3. Celui qui dispose d'un portrait à l'encontre de l'interdiction expresse des personnes mentionnées au paragraphe 34, alinéa 1 ;

4. Celui qui continue à se servir du titre ou de toute autre appellation ou de l'arrangement extérieur d'une autre œuvre, bien que cela ait été interdit par le tribunal (§ 69);

5. Celui qui, sans y être autorisé, publie des informations déjà rassemblées et des notices destinées à des feuilles publiques (journaux ou périodiques) (§ 25).

§ 48

Peine en remplacement

La durée de la peine en remplacement de l'amende irrécouvrable, sera fixée d'après la faute et ne devra pas dépasser, conjointement avec la peine principale, les limites du taux légal.

§ 49

Compétence

1. Il appartient aux tribunaux correctionnels de droit commun

de procéder pénalement contre les infractions énumérées dans la présente loi, même dans le cas où l'accusé est un militaire.

2. Il appartient aux tribunaux de district du siège du tribunal collégial de première instance de procéder pénalement contre les contraventions énumérées au paragraphe 47.

§ 50

Accusation

Les infractions énumérées aux paragraphes 45 et 47 ne sont poursuivies que sur une plainte de la partie lésée. Les poursuites n'ont pas lieu si l'ayant droit a autorisé l'acte, ou bien l'a pardonné, ou bien a omis de déposer la demande de poursuite dans les deux mois à compter du jour où il a eu connaissance de l'infraction et qu'il a su qui l'avait commise.

§ 51

Prescription

Les délais punissables aux termes de la présente loi se prescrivent par deux ans et les contraventions par six mois à compter de la consommation de l'agissement punissable, et cela même lorsque ne se trouvent pas remplies les autres conditions de la prescription exigées par les lois pénales de droit commun. La prescription ne commence à courir qu'à partir de la mise en circulation de l'œuvre, si l'agissement coupable visait à ce but. Les dispositions générales s'appliquent à l'interruption et à la suspension de la prescription.

§ 52

Confiscation des reproductions illicites et des instruments servant à la reproduction [1]

1. Le tribunal, en condamnant pour le délit du paragraphe 45, prononce, à la demande du requérant, que les multiplications et reproductions faites sans droit et destinées à la mise en vente ou à l'usage public sont confisquées quelle que soit la personne chez qui elles se trouvent. De plus, il prononce que les instruments servant à la reproduction (compositions d'imprimerie, épreuves, matrices, planches, pierres, moules), destinés exclusivement à la multiplication ou reproduction illicite, seront rendues inutilisables. Si l'œuvre a été représentée sans droit, il peut être prononcé que les manuscrits, livrets de texte, partitions, voix et rôles copiés à part, seront confisqués.

1. Sur ce point, au texte du droit d'auteur nous avons préféré le vocabulaire employé par le Code pénal et la jurisprudence française.

2. Le tribunal rend la même sentence sur la demande du requérant, s'il condamne quelqu'un pour la contravention prévue au paragraphe 47, n° 4. S'il condamne pour le délit du paragraphe 46, il agit ainsi même sans que cela soit demandé.

3. S'il n'y a qu'une partie de l'œuvre multipliée ou reproduite sans droit, le tribunal limite, autant que faire se peut, cette mesure à la partie en question.

4. La mesure mentionnée dans l'alinéa premier peut être ordonnée par le tribunal même si les objets dont il s'agit proviennent d'un état où l'œuvre originale n'est pas du tout protégée ou bien a cessé de l'être à cette époque ou bien ne l'est pas contre la façon dont l'atteinte a été portée au droit d'auteur.

§ 53

Destruction

1. Le tribunal, à la demande du requérant et après avoir entendu les personnes intéressées, notamment le propriétaire, peut ordonner la destruction des objets qui ont été confisqués par décision passée en force de chose jugée; dans le cas du paragraphe 46 le tribunal peut le faire même sans que cela soit demandé.

2. Au lieu de la destruction, le tribunal peut accorder que les objets confisqués soient rendus inutilisables d'une autre façon, si cela est possible et si une avance proportionnée est faite pour en couvrir les frais que comporte cette solution.

3. Le tribunal peut également reconnaître au lésé, sur sa demande, le droit, moyennant payement d'une somme appropriée, de reprendre en totalité ou en partie les objets et appareils dont il s'agit, si par là les droits des tiers ne sont pas touchés.

§ 54

Exception aux paragraphes 52 et 53

Les dispositions des paragraphes 52 et 53 ne s'appliquent pas aux reproductions, faites ou en train de se faire, des œuvres d'architecture ordinaire ou d'architecture des jardins.

§ 55

Publication du jugement

1. Lorsque l'accusé sera trouvé coupable du délit prévu au paragraphe 45, il sera reconnu au lésé, sur sa demande, le droit de publier aux frais du condamné le jugement avec, suivant les circonstances, l'exposé des motifs ou un résumé contenant l'essentiel de ceux-ci. Le mode de publication et les délais dans lesquels elle doit être faite seront fixés par le tribunal dans le jugement, en tenant compte des propositions du lésé.

2. Lorsque le tribunal condamne pour le délit prévu au paragraphe 46, il peut ordonner la publication du jugement aux frais du condamné sans même qu'il soit besoin de le demander.

§ 56

Mesures provisoires

1. En même temps qu'il dépose sa plainte pour le délit prévu par le paragraphe 45 ou par le paragraphe 46 et jusqu'à ce que le jugement définitif soit rendu, le lésé peut demander que les objets énumérés à l'article 52 soient saisis et qu'il soit pris les mesures nécessaires, pour que l'accusé soit empêché de commettre ou de répéter son acte. Dans le cas du paragraphe 48, n° 3, il peut demander qu'il lui soit interdit de continuer à se servir de l'appellation ou de l'arrangement faits pour tromper.
2. Le tribunal statue immédiatement sur cette requête après avoir entendu d'abord l'accusé. Il peut cependant faire dépendre la mesure requise du dépôt d'une caution; il doit le faire si, en raison du péril en la demeure, il ordonne la mesure sans avoir entendu l'inculpé.
3. Les mesures autorisées et exécutées durent jusqu'au prononcé du jugement définitif sur le fond même, et, si l'accusé a été condamné, jusqu'à l'exécution du jugement. Cependant le tribunal peut les révoquer ou les limiter, si l'accusé fournit auparavant une caution appropriée.
4. Contre la décision mentionnée dans les alinéas 1-3, il est loisible d'interjeter appel dans les trois jours devant le tribunal collégial de deuxième instance. Cet appel n'a pas cependant d'effet suspensif.

§ 57

Droit à une indemnité

1. Celui qui porte atteinte au droit d'auteur est tenu, s'il a agi sciemment, de réparer le dommage causé à l'ayant droit ainsi que de l'indemniser du manque à gagner. De même, le tribunal peut, à sa libre appréciation, accorder au condamné [1], sur sa demande, une indemnité appropriée pour le tort qu'il a subi ou pour tous autres désavantages personnels. Dans le cas du paragraphe 30 les honoraires d'exécution prennent la place de l'indemnité.
2. Le droit à l'indemnité de l'alinéa premier se prescrit par trois ans, à partir du jour où le lésé a eu connaissance du dommage causé et a su qui en était l'auteur, et, s'il n'a pas connu le dommage et son auteur, par trente ans à compter de l'atteinte portée à son droit.

1 Il faut lire : « à la partie lésée ». (Voir Procès-verbaux de la 2e séance, p. 66.)

§ 58

Action devant le tribunal civil

1. L'ayant droit peut intenter une action devant le tribunal civil pour qu'il soit reconnu que le droit d'auteur sur l'œuvre lui appartient et afin qu'il soit fait interdiction de continuer à y porter atteinte. De même il peut demander que le défendeur lui cède ce dont il s'est enrichi, même si ce dernier ne s'est pas rendu coupable d'une faute. L'action dérivant de cet enrichissement se prescrit par trente ans. Dans le cas du paragraphe 30, les honoraires d'exécution prennent la place de ce droit.

2. Les dispositions des paragraphes 52 et 53 sont également applicables ici.

3. L'ayant droit peut aussi demander que le tribunal accorde les mesures prévues au paragraphe 56, alinéa 1. Il n'est pas dérogé aux dispositions des lois sur les moyens d'exécution relativement aux mesures provisoires.

§ 59

Procédure objective

1. Le tribunal pénal autorise sur la demande de l'ayant droit les mesures prévues aux paragraphes 52 et 53, alors même qu'une personne déterminée n'est pas poursuivie pour le délit du paragraphe 45, si une atteinte a été portée au droit d'auteur (§ 44).

2. La demande est jugée par le tribunal collégial de première instance qui serait compétent pour la procédure pénale contre une personne déterminée, et cela par un jugement prononcé après débats publics en appliquant, de façon appropriée, les dispositions relatives à l'instance principale. Si cela est nécessaire, une enquête peut être faite auparavant.

3. Seront citées aux débats toutes les personnes qui pourraient être atteintes par la mesure demandée, en tant qu'elles sont connues du tribunal. Ces personnes possèdent les droits appartenant à l'accusé et peuvent se faire représenter par un défenseur en matière pénale.

4. Le recours par voie d'appel est recevable contre cette décision.

5. Les dispositions du paragraphe 55 sur la publication du jugement et celles du paragraphe 56 sur les mesures provisoires seront aussi appliquées de manière appropriée dans le cas présent.

6. Les frais de cette procédure, en tant qu'ils sont avancés par l'État, sont supportés par le demandeur. Le tribunal peut lui impartir un délai pour déposer une somme proportionnée, ou bien pour l'augmenter, faute de quoi il serait censé renoncer à sa demande. D'autre part, chacune des parties paie ses propres frais.

7. Ces dispositions sont applicables par analogie, lorsqu'il s'agit du délit prévu par le paragraphe 46.

8. La procédure prévue par le présent article ne peut être intro-

duite ni continuée pendant qu'une procédure pénale est en train contre une personne déterminée ou qu'un procès se déroule au civil pour les faits dont il s'agit.

§ 60

Interdiction d'une appellation trompeuse

1. Si quelqu'un, sans motifs graves et réels, a donné à une œuvre l'appellation, notamment le titre, ou l'arrangement extérieur d'une autre œuvre de façon que cela puisse, malgré une attention moyenne, conduire à des erreurs sur l'identité des deux œuvres, la personne atteinte par cet acte peut introduire une action pour qu'il soit interdit de continuer à se servir de l'appellation ou arrangement trompeur et que le dommage causé par la faute soit réparé. Suivant les circonstances le tribunal ordonne qu'il soit fait sur l'œuvre le nécessaire pour empêcher l'erreur.

2. L'ayant droit peut exercer les droits en question soit par une demande devant le tribunal civil, soit en les joignant à une procédure pénale (§ 46, n° 3). Il peut aussi cependant les faire valoir séparément; dans ce cas, les dispositions du paragraphe 59 sont applicables par analogie.

3. Pour la prescription du droit d'auteur à la réparation du dommage, ce sont les dispositions du paragraphe 57, alinéa 2, qui sont applicables.

§ 61

Œuvres non protégées par le droit d'auteur

Les dispositions des paragraphes 46, nos 1 à 3, 47, nos 2 à 5 et 60 s'appliquent aussi aux œuvres littéraires, artistiques et photographiques qui ne jouissent pas de la protection du droit d'auteur.

§ 62

Comité d'experts

1. Le gouvernement instituera des comités d'experts qui seront tenus de fournir, à la demande des tribunaux, des rapports d'expert dans les affaires relatives au droit d'auteur.

2. Leur composition et leur règlement intérieur seront établis par ordonnance.

SECTION V

DISPOSITIONS TRANSITOIRES ET FINALES

§ 63

Usage de l'imprimerie

La présente loi ne déroge en rien aux lois et ordonnances générales déjà existantes, qui règlent l'usage de l'imprimerie et qui concernent les produits d'imprimerie, ainsi que la représentation publique, l'exposition et la mise en vente d'œuvres.

§ 64

Œuvres plus anciennes

1. Les dispositions de la présente loi s'appliquent aussi aux œuvres qui auront été éditées avant son entrée en vigueur. Si, aux termes des dispositions de la loi du 25 décembre 1895, n° 197 du Bulletin des lois et décrets, ou de l'article-loi XVI de 1884, l'œuvre était censée être parue ou avoir été éditée dans le pays, elle continuera à être protégée par la présente loi, même si, suivant ses dispositions, elle ne devait plus être censée avoir été éditée dans le pays.

2. Les délais de protection plus longs fixés par l'ancien droit pour la protection restent applicables pour les œuvres parues pendant qu'il était en vigueur.

3. Pour les œuvres photographiques protégées jusqu'au jour de l'entrée en vigueur de la présente loi par les dispositions du paragraphe 70 de l'article-loi XVI de 1884, c'est le délai fixé par lesdites dispositions qui sera applicable.

§ 65

1. S'il est paru légitimement avant l'entrée en vigueur de la présente loi, en totalité ou en partie, une traduction ou tout autre remaniement d'une œuvre ou bien un recueil formé des œuvres de plusieurs auteurs pour l'usage scolaire, les droits du traducteur, du remanieur et de l'éditeur du recueil de multiplier, de mettre en vente et d'exécuter en public, restent intacts.

2. En tant qu'il était jusqu'à ce moment permis de multiplier ou de reproduire une œuvre, tandis que cela n'est pas permis par la présente loi, l'impression et les autres multiplications et reproductions, commencées avant la promulgation de la présente loi, peuvent être terminées et les multiplications et reproductions ainsi préparées peuvent être publiées et répandues.

3. Les multiplications et reproductions qui existaient déjà à l'époque où la loi n'était pas entrée en vigueur et qu'il n'était pas interdit de fabriquer jusque-là, peuvent continuer à être répandues et à être mises en vente, de même qu'il est permis de continuer à se servir des appareils et installations destinés à la reproduction mécanique, ainsi que des œuvres cinématographiques et des films déjà faits.

4. Les ustensiles (planches, matrices, plaques, pierres, moules), destinés exclusivement à la multiplication ou à la reproduction d'œuvres protégées par la présente loi, ustensiles qui existaient déjà et qu'il n'était pas interdit de fabriquer jusqu'à présent, peuvent

être utilisés dans ce but encore pendant quatre ans à compter de l'entrée en vigueur de la présente loi et les multiplications et reproductions préparées avec ces ustensiles peuvent continuer à être répandues.

5. Cependant il n'est permis de répandre les multiplications et reproductions conformément à l'alinéa troisième et de se servir des appareils, films et ustensiles, conformément aux alinéas troisième et quatrième, que si lesdits objets sont déposés par l'intéressé, dans les trois mois de l'entrée en vigueur de la présente loi, enregistrés et munis d'un cachet spécial par l'autorité politique de première instance du lieu où ils se trouvent. Des dispositions plus détaillées seront édictées par voie d'ordonnance.

§ 66

Droits réservés à l'auteur

Si avant l'entrée en vigueur de la présente loi, le droit d'auteur ou son exercice a été cédé en tout ou en partie à une tierce personne, les droits nouvellement reconnus à l'auteur par ladite loi ne seront pas, en cas de doute, censés avoir été également compris dans la cession.

§ 67

Effet rétroactif des dispositions pénales et de procédure

1. Les dispositions relatives à la répression des infractions définies par la présente loi doivent s'appliquer aussi aux actes commis avant son entrée en vigueur, à moins que la législation jusque-là existante ne soit plus favorable au délinquant. Cependant, en tant qu'il s'agit de délais pour les poursuites et pour faire valoir les droits résultant d'une atteinte portée au droit d'auteur, ce sont les délais plus longs établis jusqu'à présent qui seront applicables.

2. Les dispositions de la présente loi relatives à la compétence et à la procédure s'appliquent aussi aux atteintes portées au droit d'auteur commises avant l'entrée en vigueur de la présente loi, si la procédure n'a été entamée qu'après ladite entrée en vigueur.

§ 68

Contrats plus anciens

1. Si, aux termes d'un contrat conclu avant le 1er août 1923, le droit d'auteur ou son exercice a été transféré gratuitement ou en échange d'une rémunération relativement petite, l'auteur (le cédant) peut, comme contre-partie de l'exercice ultérieure de ce droit (nouvelles éditions, représentations, etc.) réclamer une rémunération convenablement augmentée, en tant que cela est motivé par les circonstances nouvelles.

2. Se trouvent par là complétées les dispositions du paragraphe 42, alinéa 2 de la loi sur le contrat d'édition, n° 106 du Recueil des lois et décrets de 1923.

§ 69

Entrée en vigueur de la loi

La présente loi entrera en vigueur le premier jour du troisième mois civil qui suivra sa promulgation[1]. A cette date perdront leur validité la loi du 26 décembre 1895, n° 197 du Bulletin des lois de l'Empire, et l'article-loi XVI 1884.

§ 70

Exécution

Les ministres de la Justice, de l'Intérieur, de l'Instruction publique, d'entente, le cas échéant, avec les ministres intéressés, sont chargés de l'exécution de la présente loi.

1. Soit le 1er mars 1927, voir *Droit d'Auteur*, 1927, p. 4, 3e col.

PROCÈS-VERBAUX DE LA RÉUNION

Première séance, mardi 5 octobre

M. le professeur Hermann-Otavský souhaite la bienvenue aux membres de l'Association.

M. Georges Maillard lui exprime la reconnaissance de tous et leur plaisir de se trouver à Prague.

M. Hermann-Otavský prie M. Maillard de bien vouloir présider les séances.

M. Maillard donne connaissance d'une lettre de M. Benès, ministre des Affaires étrangères, qui témoigne de l'intérêt qu'il prend aux travaux de l'Association, et une lettre de M. Ostertag, directeur du Bureau de Berne, qui regrette de n'avoir pû s'arrêter à Prague, obligé de regagner directement Berne pour recevoir les délégués des administrations de la propriété industrielle des divers pays.

Un télégramme est adressé à M. le président Masarik pour lui exprimer l'admiration et l'hommage des membres de l'Association littéraire et artistique internationale réunis à Prague.

M. Cervinka et M. le professeur Jirak prennent la parole au nom du Syndicat des écrivains et compositeurs tchèques et au nom de l'Association des compositeurs, auteurs et éditeurs de musique tchécoslovaques.

M. le professeur Hermann-Otavský fait connaître les démarches qui ont abouti au groupement des intéressés et annonce la prochaine constitution de la Section tchécoslovaque de l'Association littéraire et artistique internationale.

M. Marcel Boutet présente le compte rendu du Congrès de Varsovie[1].

M. le professeur Hermann-Otavský résume son rapport sur le projet de réforme de la législation sur le droit d'auteur en Tchécoslovaquie.

L'examen du projet est renvoyé à une seconde séance.

Le président :	*Le secrétaire* :
Georges Maillard.	Marcel Beurdeley.

1. Voir rapports et procès-verbaux du Congrès, *Bulletin de l'Association*, 4e série, n° 3.

Deuxième séance, mercredi 6 octobre

La séance est ouverte à trois heures et demie, sous la présidence de M. Georges MAILLARD, président de l'Association.

Au bureau prennent place : M. le professeur HERMANN-OTAVSKÝ ; M. LOEWENBACH, Dr jur. ; M. Marcel BOUTET, secrétaire général adjoint de l'Association ; M. Jacques CHARTIER, secrétaire.

M. le Président donne la parole à M. BOUTET pour la lecture des divers articles du projet de loi tchécoslovaque et demande aux auditeurs de présenter leurs observations au fur et à mesure de la lecture des articles.

ARTICLE PREMIER. — M. le professeur HERMANN-OTAVSKÝ considère que cet article, en protégeant les œuvres des nationaux n'importe où elles ont été éditées et même si elles sont inédites, est en accord avec les principes posés par la Convention de Berne.

M. le président MAILLARD remarque que l'article 14 du projet de loi-type va plus loin et applique la loi à « tous les auteurs, *quelle que soit leur nationalité* et en quelque lieu que l'ouvrage ait paru pour la première fois », tandis que l'article 2 du projet renvoie, pour les étrangers, à la réciprocité diplomatique.

ART. 2. — M. le professeur HERMANN-OTAVSKÝ fait remarquer que, dans l'état actuel des lois et des conventions, il est difficile d'ouvrir la protection aux étrangers aussi largement que le voudrait l'article 14 du projet de loi-type ; on a pris pour modèle l'article 4, alinéa 1, de la Convention d'Union de Berne, revisée à Berlin en 1908.

M. le président MAILLARD observe que ce texte de Berlin exige que l'œuvre du ressortissant, pour profiter de la Convention d'Union, soit inédite ou ait été éditée *pour la première fois* dans un pays de l'Union, tandis que, d'après le projet tchécoslovaque, il suffit que l'œuvre *ait été éditée* à l'étranger, conformément aux stipulations des conventions internationales. Il est vrai que les ressortissants de l'Union ne pourront invoquer la loi tchèque que s'ils ont édité l'œuvre pour la première fois dans un pays de l'Union, puisqu'ils ne seront protégés que dans la mesure prévue par la Convention. Il semblerait toutefois résulter de l'article 1er du projet tchécoslovaque que l'étranger qui éditerait son œuvre en Tchécoslovaquie aurait droit à la protection en dehors de toutes conventions ; mais il n'y a peut-être là qu'une amphibologie de rédaction, et l'on peut répondre que la situation des étrangers est réglée exclusivement par l'article 2.

ART. 4. — M. le professeur HERMANN-OTAVSKÝ note, dans l'énumération des œuvres, que la protection des arts appliqués, qui était jusqu'alors discutée, est expressément prévue par la loi (art. 4, chap. VII), ainsi que la protection de l'architecture des jardins, qu'il distingue de l'horticulture proprement dite.

M. le président MAILLARD espère qu'à la Conférence de Rome, la délégation tchécoslovaque acceptera de se rallier à la proposition française pour la protection des œuvres des arts graphiques et plastiques, sans formalités, quels qu'en soient le mérite et la destination même industrielle, adoptera l'enveloppe Soleau pour la preuve de priorité de création et adhérera à l'arrangement de La Haye pour le dépôt international des dessins et modèles industriels. A La Haye déjà, pour la revision de la Convention d'Union de la propriété industrielle, elle avait proposé de dire : « Les œuvres artistiques restent protégées par la législation sur les œuvres artistiques même si elles jouissent, en vertu de leur emploi ou de leur destination industrielle, de la protection de la propriété industrielle. »

M. le président Maillard ne trouve pas la rédaction du chiffre 3 très heureuse, tout au moins dans la traduction. Ce n'est pas seulement s'ils n'ont pas un but artistique que les plans, cartes, ouvrages plastiques, etc., sont protégés. Évidemment, on a voulu viser d'une part les dessins, etc., servant à des buts littéraires et, d'autre part, les plans, etc., *même* s'ils ne sont pas considérés, en raison de leur but, comme œuvres artistiques.

M. le professeur Hermann-Otavský précise qu'il s'agit là de dessins de caractère littéraire ou scientifique et que les œuvres d'art sont visées à l'alinéa 6.

M. le président Maillard pense néanmoins qu'il y a inconvénient à distinguer les œuvres suivant leur but. Toutes les œuvres des arts graphiques et plastiques doivent être protégées, quels que soient leur mérite et leur destination, sitôt qu'il y a dessin nouveau ou forme plastique nouvelle : le cartographe est un dessinateur comme un autre, il a son droit d'auteur sur l'interprétation qu'il a donnée, par le dessin, de la réalité géographique ; le dessinateur industriel a également son droit d'auteur sur la reproduction qu'il a exécutée d'un objet industriel, par exemple pour un catalogue ou pour un ouvrage scientifique ; la jurisprudence française est nettement fixée en ce sens (voir Pouillet, Prop. litt. art., n° 79 *bis*). Il eût été préférable d'en revenir au texte de l'article 1er du projet de loi-type. Le texte actuel de l'article 2 de la Convention d'Union de Berne ne s'explique que parce qu'il ne contient pas une disposition générale pour la protection de toutes les œuvres des arts graphiques et plastiques, quels qu'en soient le mérite et la destination, et la mention des plans d'architecture est restée du texte primitif, où elle était indispensable puisque les œuvres d'architecture n'étaient pas protégées elles-mêmes dans leur réalisation.

Art. 8. — M. Joubert, délégué de la Société des auteurs, compositeurs et éditeurs de musique, demande si, d'après cet article, on considère comme éditée l'œuvre musicale sitôt son exécution publique, et si une œuvre musicale exécutée d'après le manuscrit sera protégée.

M. le professeur Hermann-Otavský dit qu'il faut distinguer entre l'édition et l'apparition de l'œuvre. Au lieu d'assimiler, comme dans la législation actuelle, édition et apparition, l'on a donné une définition de l'édition, qui consiste dans la vente publique d'exemplaires pour se conformer à l'article 4, alinéa 4, de la Convention d'Union, texte de 1908 ; l'étranger qui aura seulement fait exécuter n'aura pas les droits qui sont attachés à l'édition.

M. le président MAILLARD fait observer que les œuvres inédites des Tchécoslovaques et des ressortissants de l'Union doivent être en tout cas protégées, d'après l'article 1er du projet de loi et l'alinéa 1er de l'article 4 actuel de la Convention d'Union. La fixation de la parution de l'œuvre n'a d'intérêt que pour la durée du droit dans certains cas (art. 38, al. 2, et 39, al. 1). La définition de l'édition n'est importante que pour déterminer la nationalité de l'œuvre quand l'auteur est étranger; c'est, en ce cas, l'auteur qui a intérêt à ce que son œuvre ne soit pas considérée comme publiée par l'exécution ou l'exposition, puisque s'il est unioniste il est protégé de plein droit pour ses œuvres inédites.

M. Romain COOLUS, délégué de la Société des auteurs et compositeurs dramatiques, voudrait voir l'insertion du mot « toute œuvre » à la place de « une œuvre ».

M. le professeur HERMANN-OTAVSKÝ l'approuve et dit qu'il ne peut y avoir de doute sur le sens.

M. SOUBEK, directeur du *Radio-Journal*, demande si une exécution par la T. S. F. est publique et insiste sur le cas d'une exécution dans les studios.

M. le président MAILLARD croit que la réponse est dans l'art. 21 du projet de loi, pour les œuvres littéraires, et dans l'art. 23 pour les œuvres musicales. *L'auteur a le droit exclusif de répandre son œuvre par la radiophonie*, pour les œuvres musicales toujours, pour les œuvres littéraires tant que l'œuvre n'a pas été publiée. Il a été unanimement reconnu au Congrès de l'Association, en 1925, à Paris que « l'émission radio-électrique d'une œuvre littéraire, dramatique ou musicale n'est licite qu'avec l'autorisation de l'auteur ou de ses ayants droit ; en outre, la diffusion dans un lieu public de l'exécution transmise par voie radio-électrique est soumise aux droits de l'auteur, couvrant toute exécution publique ». Ce n'est pas l'exécution dans l'*auditorium* qui est illicite, c'est la diffusion de cette exécution.

ART. 9. — M. IZOUARD s'inquiète de voir donner un droit au remanieur si on ne spécifie pas que le remaniement ne peut avoir lieu sans l'autorisation de l'auteur de l'œuvre.

M. le président MAILLARD signale qu'au contraire, à l'article 23 on trouvera le remaniement comme ne portant pas atteinte au droit de l'auteur.

M. JOUBERT estime, en tout cas, qu'on ne peut considérer comme un remanieur, ayant acquis un droit sur le remaniement, le chef d'orchestre qui a dirigé une adaptation chorale ou orchestrale d'une œuvre ; le chef d'orchestre doit exécuter l'œuvre telle qu'elle est écrite et ne peut se faire arrangeur dans l'exécution.

M. le président MAILLARD remarque que cela se rattacherait au droit de l'interprète sur son interprétation, mais que l'exécution ne peut avoir lieu sans le consentement de l'auteur et qu'en aucun cas le régisseur d'une production cinématographique ne saurait être considéré comme un remanieur ; il est en réalité un collaborateur. (Voir Congrès de Paris, 1925, p. 107.)

M. le professeur HERMANN-OTAVSKÝ répond que les dispositions de l'article 9 constituent de simples présomptions, dont la preuve contraire est possible, et que dans cet article le projet de loi n'a fait que s'inspirer de la législation autrichienne.

M. LOEWENBACH ajoute que l'alinéa 2 commence par les mots : « s'il n'existe pas d'autre stipulation ».

M. COOLUS demande qu'il faille l'accord et l'autorisation préalables de l'auteur pour le remaniement d'une œuvre.

M. le professeur HERMANN OTAVSKÝ explique que, pour les adaptations musicales, on présume que le chef d'orchestre est le « remanieur », pour éviter de considérer comme « remanieurs » tous les musiciens qui ont exécuté l'œuvre.

ART. 10. — M. JOUBERT est particulièrement satisfait de l'heureuse rédaction de cet article sur la collaboration, qui est le premier à dire que l'œuvre créée en commun par plusieurs personnes forme *un tout indivisible*.

ART. 16. — M. le président MAILLARD salue dans cet article la reconnaissance de ce qu'on a appelé le droit moral de l'auteur ; on remarquera la faculté d'intervenir accordée aux corporations chargées de la défense des intérêts littéraires, musicaux et artistiques. Mais il faut que les tribunaux ne considèrent pas trop facilement les modifications à l'œuvre comme telles que l'auteur « ne puisse, suivant l'honnêteté et la bonne foi, en refuser l'autorisation, notamment pour l'exécution publique des œuvres scéniques, musicales et cinématographiques » ; cette formule fâcheusement interprétée risque de faire la part trop belle aux tripatouilleurs.

ART. 19. — M. le président MAILLARD observe que la fin de cet article qui déclare que le propriétaire de l'œuvre d'art n'est pas tenu « de la conserver sans modification ni de la protéger contre les dommages ou le dépérissement » est en contradiction formelle avec le Congrès de Varsovie, qui a attiré l'attention du Comité exécutif « sur le droit imprescriptible de l'auteur à ce que son œuvre, même non exposée publiquement, ne soit ni détruite ni même modifiée ».

ART. 21. — M. le président MAILLARD constate les avantages de la formule générale qui englobe les principales conséquences du droit privatif de l'auteur et atteint les divers modes de reproduction et d'exécution par la cinématographie et la T. S. F. Il n'y a que le dernier alinéa de l'article qui soit rédigé d'une façon inquiétante, en proclamant les droits du *remanieur* et en renvoyant au chiffre 1 de l'article 23, d'après lequel « ne porte atteinte au droit d'auteur celui qui, ayant remanié l'œuvre d'un tiers en une œuvre nouvelle originale, dispose de son remaniement de la façon réservée à l'auteur ».

M. le professeur Hermann-Otavský fait remarquer que le remanieur est auteur quant à son remaniement.

M. le président Maillard l'admet, mais à la seule condition que le remaniement soit licite. Or la loi semble admettre le contraire, ainsi que le reconnaît M. le professeur Hermann-Otavský.

M. Coolus ajoute qu'en tout cas, le traducteur n'est pas un remanieur, mais seulement un transposeur.

M. Cleize, délégué de la Société des auteurs dramatiques et de la Société des Gens de lettres, ajoute qu'il est même d'autant meilleur traducteur qu'il aura moins remanié. Son souci doit être de rester fidèle.

M. Jelinek fait remarquer qu'il y a sans doute un malentendu de terminologie et que ce serait plus clair si l'on disait « adaptateur » au lieu de « remanieur ».

M. le président Maillard estime que l'*adaptation* n'est pas plus licite que le *remaniement* sans le consentement de l'auteur de l'œuvre originale; cela suppose toujours qu'on prend l'œuvre d'autrui et qu'on la transforme, peu importe qu'on se livre ensuite à un travail original si l'on commence par prendre l'œuvre d'autrui. S'il y a œuvre originale absolument distincte de la précédente et seulement similitude de sujet ou de thème, alors il n'y a ni adaptation ni remaniement.

Art. 22. — M. Izouard constate que nulle part dans la loi il n'est interdit de remanier et que bien au contraire, les articles 21 et 23 donnent des droits au remanieur. C'est le contraire de la protection des droits de l'auteur.

Art. 23. — MM. Izouard et Coolus s'élèvent vigoureusement contre les dispositions de l'alinéa premier, relatives au remaniement de l'œuvre, qui confèrent, selon eux, un droit au plagiat.

M. le professeur Hermann-Otavský répond que la loi actuelle a pour but de protéger toute œuvre nouvelle et que c'est ce principe qui a inspiré les rédacteurs du projet de loi. On protège le résultat de l'activité créatrice même s'il se réalise sur une œuvre déjà existante; en général, la disposition d'un tel remaniement ne sera possible que sur une entente de l'auteur de l'œuvre originale et du remanieur. Il y a des cas où les éléments ajoutés par le remanieur à l'œuvre originale ont eux-mêmes le caractère d'une création nouvelle et originale et où le remaniement se présente en vue de la prépondérance de ces éléments nouveaux sur l'œuvre originale, comme une *transformation créatrice* de l'œuvre. Un tel remaniement devrait être libre, puisqu'il ne s'agit pas ici d'un plagiat, mais d'une création nouvelle inspirée par l'œuvre d'autrui. A ce point de vue se trouve assurée la liberté du remaniement d'une œuvre *en une nouvelle œuvre originale*, déjà dans notre loi en vigueur (§ 24, n° 3, § 32, al. 2, § 39, n° 1, et on veut conserver ce principe aussi dans le projet pour favoriser la liberté de la création littéraire et artistique.

M. Coolus réplique qu'ainsi la loi protège le parasitaire et le pousse à être habile dans son larcin.

M. Isouard remarque qu'à l'article 7 le remanieur peut être celui qui transforme une pièce en scénario ; or il peut être protégé par l'article 22 et prendre ainsi la place de l'auteur.

M. le professeur Hermann-Otavský précise qu'on a simplement traduit le mot *Bearbeitung*, qui est dans la loi en vigueur (jadis autrichienne) et suppose un travail original ; c'est bien une question de vocabulaire. Il reconnaît néanmoins que la loi admet la dramatisation d'un roman [vives protestations], en tant que la dramatisation se présente comme une *nouvelle œuvre originale*.

M. Loewenbach fait remarquer que c'est conforme à l'article 12 de la Convention d'Union de Berne.

M. le président Maillard répond que ce n'est pas tout à fait exact, que cet article interdit « les appropriations indirectes d'un ouvrage littéraire ou artistique, telles que adaptations, arrangements de musique, transformations d'un roman, d'une nouvelle ou d'une poésie en pièce de théâtre et réciproquement, etc. ». Il est vrai qu'il est dit ensuite : « lorsqu'elles ne sont que la reproduction de cet ouvrage dans la même forme ou sous une autre forme, avec des changements, additions ou retranchements non essentiels et sans présenter le caractère d'une nouvelle œuvre originale ». Mais ce n'est tout de même pas la liberté d'adaptation, de dramatisation, et l'article 14 reconnaît formellement à l'auteur d'une œuvre « le droit exclusif d'autoriser la reproduction et la représentation publique par la cinématographie ». Du reste, la formule de l'article 12 ne saurait être reconnue comme satisfaisante et il y a lieu d'en réclamer à Rome la modification.

M. Joubert demande si les romances et les mélodies ne sont pas exceptées de la liberté d'utilisation qui est prévue par le chiffre 5 de l'article 23. Il lui est répondu qu'il est bien question là des textes de romances et que, pour l'utilisation des airs, il faut se reporter à l'article 29.

M. le président Maillard constate que toutes ces dispositions sont contraires aux principes toujours soutenus par l'association, dont la loi-type n'admet comme exception au droit de l'auteur que le droit de citation, restreint dans des conditions bien déterminées par l'article 8.

M. Joubert, à propos du chiffre 6 de l'article 23, montre qu'il est inadmissible d'autoriser l'acheteur d'un exemplaire à faire la polycopie d'une œuvre musicale.

M. Izouard fait remarquer que l'article 23 ne concerne que les textes.

M. Coolus est frappé de la préoccupation qu'ont eue les rédacteurs du projet de loi de restreindre le droit d'auteur au lieu de le défendre et maintient qu'il faut avant tout protéger la création première.

M. le professeur Hermann-Otavský reconnaît que la traduction du chiffre 6 de l'article 23 n'est pas exacte. Dans la phrase « celui qui exécute *diverses* multiplications pour son usage personnel », il faut, au lieu de « diverses », lire *quelques* ou *en petit nombre*, « sans avoir l'intention d'en retirer un bénéfice ».

Plusieurs personnes proposent de remplacer le mot « multiplications » par le mot « copie » ou « exemplaire ».

M. Joubert, au sujet de l'alinéa 7, déclare que l'exécution au moyen d'appareils mécaniques, dès l'instant qu'elle est publique, devrait être protégée et qu'il y a là une forte somme de produits pour les auteurs.

M. Henry Moreau, délégué de l'Association des auteurs compositeurs et éditeurs de musique, ajoute que les dispositions du projet de loi causeront une perte de profits considérable aux auteurs tchécoslovaques.

M. Loewenbach répond qu'il s'agit là exclusivement de la musique.

M. Coolus réplique qu'il faut contester le principe, en général, et envisager le cas d'un poème récité par un acteur et enregistré par un disque.

M. Loewenbach déclare que les dispositions de la loi constituent un compromis, une transaction.

M. le président Maillard observe que c'est bien aux œuvres littéraires que l'article 23 s'applique; et l'article 21 admet clairement que l'auteur ne peut s'opposer à la récitation publique que si l'œuvre n'a pas encore été publiée. Ces dispositions s'enchaînent logiquement, mais sont profondément regrettables.

Plusieurs personnes demandent que le mot « représentation » soit en tout cas remplacé par le mot « exécution » dans le chiffre 7 de l'article 23.

M. Moreau remarque que les dispositions de la loi empêcheront de percevoir des droits en France pour les auteurs tchécoslovaques.

M. le président Maillard répond que la question de la réciprocité sera examinée lors de la revision de la Convention de Berne.

Il s'agit de savoir si les ressortissants de l'Union doivent être en tout cas assimilés aux nationaux, sauf pour la durée du droit privatif ou n'avoir que ce que le pays auquel ils appartiennent accorde aux unionistes.

Actuellement, l'alinéa premier de l'article 4 de la Convention est formel : il n'y a pas à rechercher comment les ressortissants de l'Union sont protégés en fait dans le pays qui a régulièrement adhéré; les ressortissants de ce pays ont droit dans les autres pays à la même protection que les nationaux.

M. Joubert envisage l'audition de disques cinématographiques par la T. S. F. Il y a beaucoup de sociétés d'émission qui utilisent des disques pour la mise au point, mais aussi pour économiser des frais de chanteurs et de musiciens; la liberté d'exécution publique des disques causerait un gros préjudice non seulement aux auteurs des morceaux enregistrés, mais ferait concurrence aux exécutants dont les sociétés d'émission ont besoin pour leurs auditions.

Il serait à craindre aussi qu'à la réception l'on enregistrât de nouveaux disques qui seraient semblables aux originaux si la transmission était bonne et constitueraient des contrefaçons.

ART. 24 et 25. — M. le professeur HERMANN-OTAVSKÝ fait ressortir que ces articles qui visent les journaux sont, quant au principe, conformes à la Convention d'Union de Berne.

M. IZOUARD se déclare particulièrement satisfait de leur heureuse rédaction.

M. le président MAILLARD n'est pas aussi satisfait que M. IZOUARD. Il est vrai qu'aux romans-feuilletons et nouvelles, qui, d'après l'article 9, alinéa 2, de la Convention de Berne (texte de 1908), échappent à l'obligation de la mention de réserve, l'article 34, alinéa 2, du projet de loi assimile « les dissertations amusantes, scientifiques, techniques ou artistiques »; c'est un peu plus. Mais ce qu'il faudrait, c'est protéger toutes les œuvres littéraires ou artistiques, parues dans les journaux, sans nécessité d'aucune mention de réserve.

ART. 26. — M. BOURDEL, délégué du Cercle de la Librairie, fait remarquer que la question de l'utilisation des lettres missives est très délicate; il fait des réserves en ce qui concerne l'alinéa 3 de l'article, qui laisse au juge un trop large pouvoir d'appréciation pour autoriser la publication des lettres et notes confidentielles.

ART. 28 et 29. — M. JOUBERT renouvelle les protestations qu'il a faites à propos des articles 22 et 23. Il rappelle que la Société dont il est l'un des délégués perçoit au profit des auteurs sur toutes les œuvres, autres que les œuvres théâtrales et notamment lorsque des paroles sont mises sur de la musique. Les observations qu'il avait faites précédemment à propos des œuvres purement littéraires sont les mêmes pour les œuvres musicales.

ART. 30. — M. le professeur HERMANN-OTAWSY explique le sens et la portée de l'article.

M. JOUBERT expose le mécanisme de la clause pénale dans les contrats civils en France.

ART. 31 et s. — M. le président MAILLARD déplore, pour les œuvres d'art figuratif, le même système de restrictions qu'on a précédemment déploré pour les œuvres littéraires et pour les œuvres musicales.

ART. 36 et 41. — M. le président MAILLARD regrette que le projet, après avoir, comme la Convention d'Union de Berne, énuméré les œuvres photographiques parmi les œuvres à protéger, réduise en fait la protection à peu de chose en limitant sa durée à dix ans à dater de l'édition, ce que permet malheureusement l'article 7, alinéa 3, de la Convention de Berne revisée à Berlin.

ART. 37. — M. le président MAILLARD constate avec peine que pour les œuvres cinématographiques le projet ajoute encore aux conditions que le deuxième alinéa de l'article 14 de la Convention d'Union (texte de 1908) met à la protection. Et on se demande si la limitation de durée pour les œuvres photographiques ne s'applique pas aux œuvres cinématographiques, car l'article 37, qui vise les œuvres cinématographiques, est sous la rubrique : *d) pour les œuvres photographiques.*

ART. 38. — M. le président MAILLARD est étonné qu'il n'y ait pas de protection pour les œuvres posthumes qui ne sont publiées qu'après cinquante ans depuis la mort de l'auteur et qu'il n'y ait pour les autres qu'une brève prolongation dans le cas où l'œuvre est publiée dans les dix dernières années de la durée normale du droit privatif.

L'article 6 du projet de loi-type reconnaît au publicateur une protection de cinquante ans, à dater de la première publication, c'est-à-dire la durée normale du droit des héritiers quand l'œuvre a été publiée du vivant de l'auteur, c'est la solution adoptée par la loi belge, les lois d'inspiration française, les lois d'inspiration britannique, la loi suisse, la loi de l'Uruguay (voir Commentaire du projet de loi-type, *Bull. de l'Ass.*, 4e série, n° 1, p. 98). On estime qu'il y a lieu d'intéresser celui qui a le droit de publier l'œuvre à faire cette publication pour porter l'œuvre à la connaissance du public. En France, le décret du 1er germinal an XIII assimile le publicateur à un véritable auteur, il en est de même dans la loi roumaine (art. 30); le décret de germinal s'applique aux œuvres musicales et un décret du 8 juin 1906 (art. 12) applique la loi de germinal aux ouvrages dramatiques, mais le décret de germinal exige que l'œuvre posthume soit imprimée à part des autres œuvres du même auteur tombées dans le domaine public, et la jurisprudence (Cass. 28 décembre 1880, pour les œuvres d'André CHÉNIER, Ann. 81.144, et Paris 22 novembre 1888, pour des œuvres de CHOPIN, Ann. 98.213) ne donne au publicateur que la durée de sa vie et dix ans après sa mort, parce qu'en l'an XIII telle était la durée du droit de l'auteur.

M. LOEWENBACH explique que l'article 38, alinéa 2 du projet, qui concerne les œuvres posthumes, est emprunté à la loi autrichienne.

M. le président MAILLARD remarque qu'il y a des dispositions analogues dans la loi allemande et dans la loi hongroise, mais souhaite qu'à la revision de la Convention d'Union de Berne à Rome, on puisse uniformiser la protection des œuvres posthumes comme la durée de la protection des œuvres « anthumes ». Il pourrait être intéressant aussi d'uniformiser la durée de protection des œuvres anonymes, le projet de loi (art. 39, al. 1), adopte sur ce point la solution du projet de loi-type (art. 4). Il ne semble pas que dans le projet de loi on ait réglé la durée de protection des œuvres émanant de personnes morales, le troisième alinéa de l'article 4 du projet de loi-type dit que « les œuvres qui paraissent sous le nom d'une personne morale sont assimilées aux œuvres anonymes ».

ART. 57. — M. JOUBERT pense qu'il faut prévoir le droit à indemnité pour la partie lésée, et non pour le « condamné ».

M. le professeur HERMANN-OTAVSKÝ reconnaît que c'est une erreur matérielle de traduction, qui sera rectifiée.

Une fois l'examen rapide du projet de loi achevé, M. JELINE, attire spécialement l'attention de M. COOLUS sur le fait que depuis sept ans la Tchécoslovaquie souffre d'être comprise parmi les pays de l'Europe centrale en ce qui concerne la cession des droits d'auteurs français, et se trouve ainsi soumise aux exigences des sociétés de Vienne et de Berlin.

M. Coolus, fort applaudi, promet qu'il sera tenu compte de cette observation par la Société des Auteurs dramatiques français.

M. le président Maillard expose le sens général de la résolution qui sera rédigée comme conclusion à la réunion. Elle contiendra à la fois des félicitations chaleureuses à l'égard des auteurs du projet de loi et les quelques réserves qui viennent d'être formulées sur certains articles.

M. Coolus félicite en particulier les rédacteurs du projet de loi en ce qui concerne le délai de protection de cinquante ans et le principe de l'indivisibilité de l'œuvre en collaboration.

M. le président Maillard remercie tous les organisateurs de la réunion et notamment M. le professeur Hermann-Otavský, MM. Jelinek et Lœwenbach.

La séance est levée à cinq heures et quart.

RÉSOLUTIONS DE LA RÉUNION DE PRAGUE

Les conclusions ont été rédigées par le bureau en ces termes :

« Les membres de l'Association littéraire et artistique internationale, réunis à Prague, rendent hommage au projet de loi sur le droit d'auteur voté par la Chambre des députés de la République tchécoslovaque, remercient les organisateurs de la réunion de leur avoir donné le moyen de prendre, par la traduction française, connaissance de ce projet.

« Ils sont reconnaissants à ses rédacteurs de s'être inspirés des principes fondamentaux du projet de loi-type de l'Association, notamment d'avoir calculé la durée du droit d'après la vie de l'auteur plus cinquante ans après sa mort, d'avoir sanctionné le droit moral de l'auteur au respect de son œuvre, d'avoir conformé la loi aux règles imposées par la Convention d'Union de Berne revisée à Berlin, d'avoir englobé comme œuvres littéraires ou artistiques « toutes les créations du domaine des belles lettres, de la littérature scientifique et de l'art (musical et figuratif), sans avoir égard à leur étendue, à leur but ou au degré de leur mérite », et notamment « les œuvres d'art appliqué », d'avoir posé d'excellentes règles pour les œuvres en collaboration et proclamé qu'une telle œuvre forme un tout indivisible, d'avoir étendu le droit d'auteur, en principe, sur tous les modes d'exploitation de l'œuvre.

« Mais il est très regrettable que le projet apporte ensuite toute une série de restrictions au droit de l'auteur, que, par exemple, il autorise le remaniement, sans le consentement de l'auteur, de l'œuvre d'un tiers ou de sa pensée musicale, les emprunts à l'œuvre d'autrui, son adaptation à un genre différent d'ouvrage, les transformations d'un art à un autre, etc.

« Il est regrettable aussi que l'œuvre cinématographique ne soit pas intégralement protégée, qu'on en restreigne la définition et que la protection des œuvres photographiques soit si réduite dans sa durée.

« Il est à souhaiter que, si possible, des améliorations soient apportées, sur ces divers points, dans le texte définitif de la loi. »

Le Président :
Georges Maillard.

Le Secrétaire :
Jacques Chartier.

Imprimerie J. Dumoulin, à Paris. — 472.1.28.

www.ingramcontent.com/pod-product-compliance
Ingram Content Group UK Ltd.
Pitfield, Milton Keynes, MK11 3LW, UK
UKHW020325220726
13923UKWH00003B/1373